Ellersiek / Die tanzende, spielende Hand

Wilma Ellersiek

Die tanzende, spielende Hand

Rhythmisch-musikalische Handspiele, Klangsilbenspiele und Tänzchen für die Fäuste, Daumen, Finger und die Hände

Herausgegeben von Jacqueline Walter und Ingrid Weidenfeld
Mit einem Geleitwort von Michaela Glöckler

Verlag Freies Geistesleben

Die Herausgeberinnen:

Jacqueline Walter, geboren 1959 in Basel. 1981-1984 Ausbildung zur Rudolf Steiner-Kindergärtnerin am Rudolf Steiner-Kindergartenseminar in Bern. 1982/83 Aufbau des Rudolf Steiner- Kindergartens Rheinfelden und seitdem dort als Kindergärtnerin und Leiterin einer Spiel-, sowie Krabbelgruppe tätig. Seit 1983 Elternarbeit und -beratung, sowie Praxisanleiterin für angehende KindergärtnerInnen.
Seit 1988 Kuratoriumsmitglied der Internationalen Vereinigung der Waldorfkindergärten e.V. und seit 1993 Dozentin am Rudolf Steiner-Kindergartenseminar Bern. Mitbetreuung des Büro der Alliance for Childhood in der Schweiz.
Seit 1989 rege Kurstätigkeit im In- und Ausland; speziell für rhythmisch-musikalische Reigenarbeit und für die Handgestenspiele, die Liebkoschen und die Spielkomplexe von Wilma Ellersiek. Mitglied des internationalen Arbeitskreises für die Spiele von Wilma Ellersiek.

Ingrid Weidenfeld. Geboren 1956 in Stuttgart. 1975 bis 1982 Rhythmik- und Violinstudium an der Hochschule für Musik und Darstellende Kunst Stuttgart. Innerhalb des Regelstudiums Rhythmik-Spezialausbildung bei Frau Prof. Wilma Ellersiek im Fach «Rhythmik für das Vorschulkind». Diplom-Abschluss in beiden Studiengängen.
1978 bis 1984 intensive Unterrichtstätigkeit mit dem Spielkomplexmodell von Wilma Ellersiek (Mutter-Kind-Rhythmik) an einer Familienbildungsstätte und Violinunterricht an einer Jugendmusikschule.
1984 bis 1997 Dozentin für die von Wilma Ellersiek entwickelte Vorschul-Rhythmik an der Hochschule für Musik und Darstellende Kunst Stuttgart. Daneben ständig Durchführung von Rhythmik-Kursen für Vorschulkinder und Eltern.
Ab 1997 für vier Jahre Mitglied der freien Musikschule «balance – Forum für Musik» in Stuttgart als Lehrkraft für die musikalische Frühförderung (wiederum mit dem Ellersiek-Modell) und für Violine.
Seit Herbst 2001 Aufbau eines Kurs- und Ausbildungssystems in Stuttgart für die Handgestenspiele, die Liebkoschen und die Spielkomplexe von Wilma Ellersiek.

ISBN 3-7725-1985-7

1. Auflage 2004
Verlag Freies Geistesleben
Landhausstraße 82, 70190 Stuttgart
Internet: www.geistesleben.com

Zeichnungen: Friederike Lögters
Druck: Druckerei zu Altenburg, Altenburg/Thüringen

Inhaltsverzeichnis

Geleitwort

Handgestenspiele sind nicht nur ein idealer Zeitvertreib mit kleinen Kindern zu Hause, sondern sie sind auch im Kindergarten äusserst beliebt. Was die Finger nicht alles können! Sie können hüpfen, tanzen, sich verneigen, sich zu Versen und Liedern rhythmisch bewegen, aufeinander zugehen und sich voneinander entfernen. Sie können so gut wie alles nachahmen und darstellerisch zum Ausdruck bringen, was es in der Welt kindlicher Fantasie, im Märchen, in Kinderreimen, Liedern und Gedichten, aber auch im Familienalltag zu erzählen, zu erleben und darzustellen gibt. Besonders schön dabei ist, dass das «Spielzeug» Hand jederzeit verfügbar ist. Ob zwischendurch zu Hause, im Kindergarten, auf einer langen Bahnfahrt, am Strand oder beim Warten an einer Bushaltestelle – um sogleich spielen zu können bedarf es keiner Technik, keines Mitnehmens von Spielsachen, sondern einfach nur der Freude am Spiel, am Ausdruck, an der Bewegung, an der sprechenden Geste. Gebannt schauen die Kinder auf Finger und Hände des konzentriert und verschmitzt tätigen Erwachsenen, und die Zeit vergeht wie im Flug. Wo eben noch Quengelei war, zeigt sich ein fröhliches Kindergesicht.

Jahrzehntelange pädagogische Erfahrung – nicht nur in Waldorfkindergärten – findet sich so mit den Ergebnissen der heutigen Neurophysiologie und Gehirnforschung harmonisch zusammen: Was Kinder fasziniert, ihre Fantasie anregt, mit ihren eigenen Fingern und Händen in der Nachahmung geschickt werden lässt – stimuliert zugleich in effizientester Weise die neuronale Vernetzung der Frontalregionen des Gehirns und die assoziierten motorischen Rindenfelder.

Ich wünsche diesem Buch weite Verbreitung unter denjenigen, die mit kleinen Kindern zu tun haben und möchte der erfahrenen Kindergärtnerin Jaqueline Walter von Herzen danken, dass sie diese Lebensarbeit von Wilma Ellersiek neu herausgegeben und mit einem engagierten Vor- und Nachwort versehen hat.

Michaela Glöckler
Medizinische Sektion am Goetheanum
Februar 2004

Grundsätzliche pädagogische Gedanken zu den Handgestenspielen

«Im frühen Kindesalter ist insbesondere wichtig, dass solche Erziehungsmittel wie zum Beispiel Kinderlieder möglichst einen schönen rhythmischen Eindruck auf die Sinne machen. Weniger auf den Sinn als vielmehr auf den schönen Klang ist der Wert zu legen. Je erfrischender etwas auf Auge und Ohr wirkt, desto besser ist es. Man sollte nicht unterschätzen, was zum Beispiel tanzende Bewegungen nach musikalischem Rhythmus für eine organbildende Kraft haben.»[1]

Rudolf Steiner

In diesem Band der Handgestenspiele von Wilma Ellersiek erscheinen insbesondere zusammengefasst die Spiele aus dem Bereich der *tanzenden und spielenden Hand.* Es handelt sich um ein Spielangebot, «in dem die Dinge nicht direkt, nicht naturalistisch, nicht emotionell oder intellektuell an das Kind herangetragen werden, sondern in künstlerisch gestalteter Form, in Verbindung von objektiver repräsentativer Gebärde, poetischer Sprache und Quintenstimmungsmelodik, ins universal Gültige erhoben. Dieses künstlerisch gestaltete Spielangebot geht in seiner Komplexität und Geschlossenheit über die im allgemeinen praktizierten Spielzusammenstellungen, -gruppierungen und -sammlungen hinaus. Es ist eine Gesamtkomposition, die sich wie aus einem Keim zu einem fantasievoll gestalteten Gesamtgefüge entfaltet, durch das in vielfältiger Weise die einzelnen Bereiche der Dinge, der Natur, des Menschen und auch deren sich natürlich ergebenden Verbindungen erfahrbar gemacht werden. Vermittelt in einem strömenden, pulsierend-schwingenden prozessualen Geschehen, in dem das Kind sich staunendem Wahrnehmen ganz hingeben und in freudevollem Handeln, Welt erfahren, ergreifen und einverleiben kann. Diese Finger- und Handgestenspiele sind ein auf medizinischen Forschungen über den Zusammenhang von Hand und Gehirn basierendes, spezielles Angebot zur Entwicklung der Nachahmefähigkeit und -bereitschaft, sowie zur Anregung des aktiven und wohltönenden – Rhythmus und Melos hervorhebenden – Sprechens». (W. Ellersiek)

Das Anliegen von Wilma Ellersiek durch die rhythmisch-musikalischen Handgestenspiele – vor allem die Kinder – an die Quellen der Lebensfreude und aufbauenden Lebenskräfte zu führen, kommt in den vorliegenden Spielen ganz besonders zum Tragen.

Die Bedeutung des kindlichen Spiels

Tanz und Spiel stehen hier im konkreten wie auch übertragenden Sinn für Lebensqualitäten, die heute immer mehr an den Rand des Alltags gedrängt werden, ja, die sogar oft von Grund auf wieder gelehrt und gelernt werden müssen, sei es pädagogisch, selbsterzieherisch oder in der Therapie; wenn beispielsweise eine unrhythmische, hektische Lebens- und Arbeitsweise, bei der über eine zu lange Zeit hinweg kein Raum für eigenes, kreatives Tun und Sein war, zum Zusammenbruch geführt hat, das Gleichgewicht verloren ging und die Lebenskräfte sich erschöpft haben.

Das Spielen, Inbegriff der wichtigsten Tätigkeit in der Kindheit, als eine schöpferische Eigenaktivität ist längst ein ständiger Kulturauftrag an jeden Einzelnen und die Gesellschaft geworden. Nur – mit Spielen wird heute oft das Bedienen von Fertigware, wie zum Beispiel auf Knopfdruck hin das Bewegen eines ferngesteuerten Autos, gemeint. Dabei hat jedoch die kindliche Fantasie kaum mehr etwas zu tun. Auch das Hantieren mit bis in alle Details perfekt ausgeformten Spielsachen und Regelspielen lässt keinen oder nur wenig Freiraum für innere Bilder, was ja die Fantasie, diese innere Kreativität ausmacht. Alles ist schon perfekt und fertig vorgegeben. Spielen als eine schöpferische Tat findet nicht mehr naturgegeben selbstverständlich statt. Geordnete, rhythmische Lebensstruktur und kreatives, künstlerisches Tun werden aber vermehrt in verschiedensten Krisen- und Krankheitssituationen therapeutisch eingesetzt. «Spielen» in einer Zeit der schwindenden Vitalkräfte ist ein notwendiges Heilmittel geworden, und die Handgestenspiele kann man in diesem Sinn als homöopathische Dosierungen bezeichnen. Sie setzen indessen zunächst nicht beim Kind direkt an, sondern beim tätigen Vorbild, denn das Kind lernt eben über die Nachahmung. Der Handgestenspieler, die Handgestenspielerin stimmt sich übend so gut ein, dass das Kind sich am nachahmenswerten Vorbild selber erzieht. Über die vom Erwachsenen vorgeahmten, die Fantasie anregenden Handgesten- und Sprechspiele, wird das Schöpferische in den Kindern wieder impulsiert und neu belebt, wobei der rhythmisch-tanzende Aspekt eine wesentliche Unterstützung in diesem Anliegen ist. Die Spiele sind echte Brücken zur eigenen freien Kreativität.

Nicht das Verstehen der Spielinhalte, nicht die Begriffe sind wichtig, sondern das rhythmische Schwingen und Pendeln zwischen Polaritäten von bereits mitgebrachten Urbewegungen steht im Vordergrund des Spielangebotes, bereitet Freude und kräftigt. Das Tanzen und Spielen der Hände wird begleitet von rhythmisch-melodiösem Sprechen, oft sogar nur von Klangsilben und Klangwörtern. Die Hand- bzw. Fingerbewegungen und das melodiöse Sprechen sind exakt aufeinender abgestimmt und werden den Kindern zur Nachahmung angeboten. Bewegung und Sprache – im Handgestenspiel zum Einheitsakt verschmolzen – bilden hier zwei Ausdrucksformen eines Ganzen. Diese Verschränkung von leiblicher und sprachlicher Gebärde als prozessuales, kreatives Geschehen fördert die physischen Entwicklungsprozesse des Kindes und ermöglicht ein komplexes, umfassendes Wahrnehmen und Verleiblichen, wie es dem frühkindlichen Welterleben angemessen ist.

Die Bedeutung der Nachahmung

Dass das kleine Kind mit all seinen Sinnen unmittelbar mit der Umgebung leiblich und seelisch-geistig verbunden ist und alles Geschehen mit den Sinnen orten kann, deutet auf ein schlafend-traumähnliches Bewusstsein von sich selbst. Weil es im Tätigsein sein Umfeld stärker erlebt und realisiert als den eigenen Leib, lernt das Kind im der Hingabe an die Umgebung. Bis tief in die physiologischen Prozesse hinein wirken sich Erlebnisse aus der Umwelt auf den kindlichen Organismus aus. Zum Beispiel Atmung, Blutkreislauf und Verdauung reagieren sensibel auf freudige oder traurige Ereignisse im Leben des Kinds und prägen sich in die leiblichen Organaufbauprozesse ein.[2] Das Kind ist noch nicht bei sich selbst, sondern «ausser sich» mit peripherem Ich-

Erleben. Daher kann man auch vom Traumbewusstsein und der magischen Märchenzeit zu Beginn eines Lebenslaufes sprechen. Die Lebenskräfte können daher ungehindert von Bewusstheit, ganz den körperlichen Organbilde- und Aufbauprozessen zur Verfügung stehen. Es ist eine pädagogische Aufgabe, die Lebenskräfte nicht frühzeitig aus diesen leiblichen Organbildeprozessen durch zu frühe intellektuelle Zusprache oder zu starke und unregelmäßige Eindrücke abzuziehen, sondern alles zu tun, damit das Seelisch-Geistige die «Tiefschlaf-, Traum- und langsame Aufwachphase» ins irdische Wachbewusstsein voll ausschöpfen kann. Für diese Zeit der leiblichen Aufbauphase, also etwa die ersten sieben Lebensjahre des Kinds, sind die rhythmisch-musikalischen Handgestenspiele ein ideales Angebot. Das Herantönen der rhythmischen Sprache und vom Pädagogen vorgezeigten die gut geführten, ausgeformten Bewegungen, plastizieren den Leib des Kindes.

Für den Pädagogen bedeutet dies zunächst, sich selbst um eine gut artikulierte, in Melodie und Rhythmus schön gestaltete Sprache zu bemühen und zu den Lauten und Klängen entsprechende Bewegungen auszuführen. Wird ein Spiel den Kindern angeboten, überlässt der Pädagoge jedem Kind selbst die Entscheidung, ob es sich frei nachahmend das Spiel aneignet, oder ob es als stiller Teilnehmer dabei sitzt, ob es sich gar abwendet und anderen Beschäftigungen nachgeht. Jedes Kind hat seine individuelle Art nachzuahmen oder aufzunehmen und braucht seine Zeit dazu. Man tut gut daran, gerade wenn ein Kind nicht in den gemeinsamen Tätigkeitsstrom eintauchen kann, nicht vorschnell handelnd oder gar verbal einzuschreiten, es zurecht zu weisen oder ähnliches. Dadurch würde nur der «Gestaltungsstrom» abgeschnitten. Oft kann das Kind gar nicht erfassen, warum der Erwachsene eingegriffen hat. Dazu Wilma Ellersiek:

«Man lasse den Kindern Zeit zum Hineinschlüpfen in die vorgeahmten Bewegungs-, Sprach- und Tongebärden. Das dominant ›wahrnehmende‹ Kind wird länger im Staunen, im Hereinnehmen bleiben und erst nach und nach in das Mit-Tun kommen. Das dominant ›motorisch‹ Kind wird schnell in die Gebärden schlüpfen und die Handlungen mitvollziehen, erst später mitsprechen und -singen. Das dominant ›taktile‹ Kind hat grosse Freude an allen Berührungen. Es wird zum Beispiel gerne bei ›Ulle wulle‹ den Daumen packen, ›Nicki‹ im Loch verschwinden lassen, mit ›Pöm und Pam‹, ›Flap und Flop‹ springend die Oberschenkel berühren, klatschen, die Finger als Leute auf der Bootsfahrt verschränken usw. Das ›intellektuelle‹ Kind hat es schwer in die Handlung einzutauchen, sich mit den Spielgestalten zu identifizieren. Es wird zunächst nur Zuschauer sein und seine altklugen Kommentare abgeben. Das ›chaotische‹ Kind hat es schwer, seinen ungezügelten Willen in die geordnete Geste zu fügen und wird zunächst oft aus der Handlung herausfallen. Das ›übersensible‹ oder ›überreizte‹ Kind wird sich abwenden, weil es zu leicht überwältigt wird. Das ›dumpfe‹ oder ›abgestumpfte‹ Kind wird sich verweigern, weil es erst allmählich erreicht werden kann.»

Geben wir den Kindern nur genügend Gelegenheit, das Spiel oft zu erleben, werden sie mit der Zeit alle den Text mitsprechen, die Lieder singen und die Gebärden freudig mitvollziehen, das heisst sich den Zugang dazu erschliessen. Kinder, die es im Kindergarten noch nicht tun, vollziehen es oft daheim in ungestörten Momenten nach. Das Ideal des Nichteingreifens darf natürlich nicht mit einem Entlassen des Kindes aus der Geborgenheit, innerer Anteilnahme und dem interessierten und liebevollen Beobachten verwechselt werden. Gleichzeitig ist es wichtig, dass der Erwachsene sich in seinem innersten Wesen mit dem Spielgeschehen verbindet, dass er in den Bewegungen und der Sprache lebt.

Die Urbewegungen und eine rhythmische Lebensgestaltung

Nie mehr im Leben ist der Mensch fähig, so selbstvergessen, aber höchst eigenaktiv schöpferisch gestaltend, sowohl nach innen wie auch nach aussen, tätig zu sein wie in den ersten Lebensjahren.
Unbewusst und noch ganz natürlich kreiieren schon die Allerkleinsten ihre Bewegungsspiele, indem sie zum Beispiel ihrer Freude mit hüpfenden Auf- und Abbewegungen oder mit Drehen der Hände Ausdruck verleihen und diese oft zeitgleich mit rhythmischen Ausrufen begleiten wie: «Jja, jja, jjaaah -------«, «Jo- ho! Jo-ho!, «Wwaa, wwaa, da, da!" Auch spielen sie gerne mit ihrer Zunge und dann tönt es etwa so: «lllllelelelelelllllll, llllülülülülül, llllliilliiilliilliilliiilllllllll........» und zwar sehr melodiös. Während ihres Spieles erklingen die lautmalerischsten Klangwörterschöpfungen wie: «krraatsch – dätsch – hicks-kicks – ningnang-ning-nang – bumbum – hejaaaaah – rummrumm – ääääääk – flutsch – patsch – grrrrrr – igitigit» usw. In den hier vorliegenden Handlungs- und Sprachbeispielen hat Wilma Ellersiek diese kindlichen Bewegungsmuster und Sprachspielereien auf ein künstlerisches Niveau erhoben, beispielsweise in den Spielen «Pöm und Pam», «Pitz und Potz», «Tam und Tim», «Ulle wulle».
Gesundes kindliches Bewegungs- und Spielverhalten ist deutlich geprägt von rhythmischen und sich wiederholenden Abläufen. In ihren willenshaften Tätigkeiten wie Springen, Hüpfen, Schaukeln, Bauen, Graben, Versteckspielen, Einfüllen, Ausleeren, in Töpfen rühren, Gegenstände ein- und auswickeln, zu- und aufdecken, rollen, werfen, aneinander reihen usw., betätigen sich die Kinder unermüdlich in den anfangs erwähnten Urbewegungen: «auf und zu», «hin und her», «rein und raus», «hin und her», «auf und ab», «vor- und rückwärts» und «rund». Diese Bewegungsmuster laufen funktional und nachahmend ab. So wie die Mutter im Kochtopf rührt, will es das Kind auch, und je freudevoller die Mutter diese Tätigkeit verrichtet, desto eifriger wird das Kind nachahmen, möglichst mit demselben Löffel, wie ihn die Mutter gebraucht. Am Konkreten erleben die Kinder das innere Engagement des Erwachsenen. Ab dem dritten Lebensjahr erwacht zunehmend die kindliche Fantasie, welche nun das Rühren der Kastanien im Topf als Suppekochen benennt oder das Hin- und Herschieben eines Klötzchens als Bedienen eines Bügeleisens. Das sechsjährige Kind wird nun schon mit erwachenden Vorstellungen bewusster die Urbewegungen, zum Beispiel die Sägebewegung im Spiel als Schreiner aufsuchen.
So wie das Kind nach jedem Schossreiter, Fingerspiel, nach jedem Lied oder jeder Geschichte die Wiederholung wünscht, verlangt es auch nach deutlicher Regelmässigkeit der Tagesgestaltung, des Wochenablaufes und der Jahresfeste. Wird diese Erwartung erfüllt, dass es heute und morgen gleich sein wird wie gestern und vorgestern, entwickelt das Kind ein tiefes Vertrau-

en zu seiner Umgebung und dadurch auch zu sich selbst. Von dieser Sicherheit hängt seine Gesundheit und das Maß seiner Vitalkräfte ab, die in diesem Alter noch nicht eigenständig emanzipiert, sondern abhängig von den es umgebenden rhythmischen Lebensprozessen arbeiten und zwar während der ersten Lebensjahre den Organfunktionsreifungen und dem Wachstum zugewendet. Innen und Aussen sind beim kleinen Kind noch Eines und durchdringen sich ganz.

Rhythmische Lebensgestaltung und Wiederholung sind also die Grundpfeiler einer Erziehung, welche die weisheitsvoll eingerichtete Nachahmefähigkeit des Kindes berücksichtigt. Rhythmus gibt Struktur, Halt und Grenze im Sinn von Sicherheit, Geborgenheit. In diesem Schutzraum schafft sich das Kind erste Freiräume für sein individuell, schöpferisches fantasievolles Spiel.

Neueste neurophysiologische Forschungen bestätigen die zentrale Bedeutung des freien, kreativen Spiels für die Gehirnentwicklung, vor allem da, wo sich die Fantasiekräfte mit einfachen, nur wenig geformten Spielsachen oder gar nur Materialien, wie die Natur sie hergibt: Sand, Erde, Wasser, Steine, Blätter, Rinden, Äste usw., intensiv und lustvoll betätigen können.

Das gilt auch und in hohem Maß für ein Handgestenspiel, bei dem die Hände und die Stimme das Spielmaterial sind.

Die Aspekte sowohl des Rhythmisch-Tanzenden, des Schöpferisch-Spielenden wie auch die Fantasie Anregenden, Bewegungs- und Sprachentwicklung Förderlichen sind in die scheinbar so einfachen Handgestenspiele hineingeheimnist. Sie sind ein wahrer Schatz für Kinder und Pädagogen.

Ein Blick auf «Kindheit heute»

Gerade in den zivilisierten, technisch hochentwickelten Industriestaaten sind die Kinder immer mehr anwachsenden Bedrängnissen und Angriffen auf ihre spezifischen Bedürfnisse und die in Entwicklung begriffenen Kräfte ausgesetzt: Das kindliche Umfeld immer mehr bestimmende Hektik, Aggression, Verzweiflung oder Gleichgültigkeit; Belastungen des Familienlebens durch beständige Eile, Scheidung der Eltern und zunehmend wechselnde Fremdbetreuung; rasante Ausbreiten des Ansatzes «frühes Lernen», bzw. Erlernen der sogenannten Kulturtechniken wie Lesen, Schreiben, Rechnen vor dem siebten Lebensjahr und immer öfter auch schon ab 3-4 Jahren.

Dies und anderes mehr schwächt die Kinder in ihrer im Aufbau befindlichen körperlichen wie seelischen Gesundheit.

In USA und Europa ergaben zahlreiche Untersuchungen in den vergangenen zehn Jahren[3], dass die Kinder zunehmend durch Stresssymptome, Nervosität, Blassheit, tendenzielle Lethargie oder Hyperaktivität auffallen. Sie sind ausserdem belastet durch Ess- und Schlafstörungen, Asthma und Allergien. Beängstigend deutlich wurde der Zusammenhang zwischen frühem Einschulen sowie Stress und Jugendsuiziden aufgedeckt.[4]

Oft kommen die Kinder in den Kindergarten, ohne spielen zu können, leiden unter Ängsten oder zeigen aggressives Verhalten. Vermehrtes Aufnehmen von rein informativem Wissen, Überreizung der Sinne und als Folge eintretender Wahrnehmungsmangel werden zu dem neuen Krankheitsbild der Aufmerksamkeitsdefizit-Störung (ADS) zusammengefasst: eine Art Lernkrankheit, die sich zusammensetzt aus Spontaneität,

Hyperaktivität und Zerstreutheit. Es gibt eine deutliche Zunahme von allgemeinen Lernstörungen.
Untersuchungen bestätigen schon lange, «dass eine Gesellschaft, welche die Sinnesentfaltung ihrer jungen Generation nicht fördert, zugleich ihre intellektuellen Fähigkeiten beschneidet (W. Schad). Auch das Auge ist ein Bewegungsorgan und wird durch zu vieles Fernsehen zwangsweise ruhiggestellt, weil es den raschen Bildfolgen nicht gewachsen ist. Es erstarrt, der Blickwinkel engt sich ein auf bis 70 Grad – normal wären 200 Grad. Dadurch sind Kinder zum Beispiel gehandicapt, wenn sie balancieren oder Fahrrad fahren wollen – sie sind erheblich unfallgefährdeter»[5]. Das bezieht sich natürlich auf den gesamten Bewegungsorganismus, speziell auch der Hände. Sie spielen eine zentrale Rolle in der kognitiven, emotionellen und körperlichen Entwicklung. Die menschliche Intelligenz ist kein rein geistiges Phänomen, sondern unverrückbar im Körper verankert, was unter anderem sehr deutlich wird, wenn parallel zur Entwicklung verfeinerter Motorik das Sprachvermögen wächst, «welche keineswegs an Hören und Sprechen gebunden ist, wie auch die Gebärdensprache Gehörloser zeigt. Fest steht, dass das Kind durch Interaktion mit der körperlichen Genese das Orientierungsmuster hervorbringt, nach dem sich Intelligenz Schritt für Schritt entfaltet. Dem wesentlichen Beitrag, den die Hand dazu leistet, trägt die Schule jedoch kaum mehr Rechnung. Sie isoliert das Lernen vom Körperbewusstsein, verlagert es in den Kopf und nimmt ihm dadurch einen wesentlichen Aspekt: der Verspieltheit und der Sinnlichkeit. Wir Menschen sind, was wir sind, nicht dank unserer Rationalität, sondern dank unserer Fähigkeit, unsere Irrationalität nutzbar zu machen.»[6]
Eine UNESCO-Untersuchung in Deutschland ergab, dass das Durchschnittskind vom dritten bis zum fünften Lebensjahr 28 Stunden in der Woche fernsieht. Im statistischen Durchschnitt hat es bis zum 14. Lebensjahr 18'000 Stunden vor dem Fernseher verbracht, das sind mehr Stunden als in der Schule. Rechnet man noch die «Spielzeiten» mit Gameboys usw. dazu, kann man sich fragen: Wie viele Stunden verbrachte es wohl noch in der Natur, beim sozialen, kreativen Spiel und betätigte es differenziert seine Hände?
Alle hier erwähnten Störungen verweisen auf die Dringlichkeit einer gesundheitsfördernden Pädagogik als aktuelle Zeitforderung, wozu schon vor rund 100 Jahren durch die Forschungsresultate Rudolf Steiners mit einer umfassenden Menschenkunde die Grundlagen gegeben wurden. Wirkliche Kindheit entsteht nicht von alleine!

Jacqueline Walter

Teil I
Spiele für die Fäuste

Molle - Mulle

Klang - Silben - Spiel für die Fäuste

Molle – mulle – molle – mulle,
Molle – mulle – molle – mulle:
Pum – pum – pah! –
Pum – pum – pah! –
Molle – mulle – molle – mulle,
Molle – mulle – molle – mulle:
Hoppala! – Hoppala! –
Molle – mulle – molle – mulle,
Molle – mulle – molle – mulle:
Pom – pom – peck! –
Pom – pom – peck! –
Molle – mulle – molle – mulle,
Molle – mulle – molle – mulle:
Wup! Und weg!
Ganz weg!

Text	Bewegungen
1 Molle – mulle – molle – mulle, r l r l Molle – mulle – molle – mulle: r l r l	1 Der Erzieher macht beide Hände zu lockeren Fäusten, die Daumen liegen oben auf den Zeigefingern. Er hält die Hände etwa auf Magenhöhe vor sich hin und zwar so, dass die Handrücken zum Betrachter zeigen und die rechte Faust über der Linken ist. Nun werden die beiden Fäuste umeinander gedreht: für das «Molle» die Rechte nach vorn zum Betrachter um die Linke, für das «mulle» die Linke wiederum nach vorn zum Betrachter um die Rechte und so fort. Die Bewegung ist fliessend, der Sprachrhythmus und der Bewegungsablauf müssen vom Erzieher aufeinander abgestimmt werden. Die Kinder werden zunächst in einem freien Rhythmus ihre Bewegungen ausführen, das ist richtig so und darf nicht korrigiert werden.

2 Pum – pum – pah! –
Pum – pum – pah! –

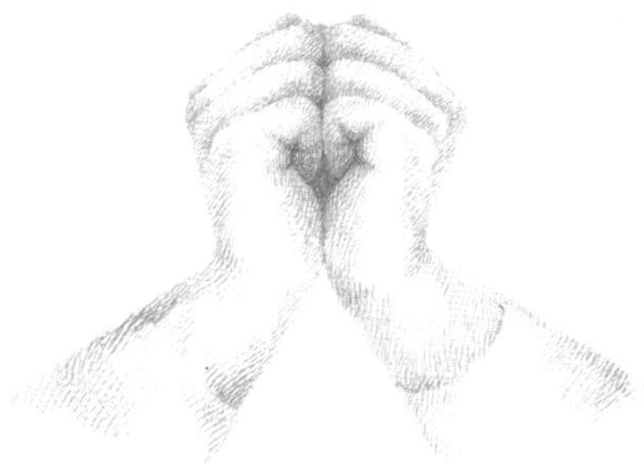

2 Die Fäuste etwa auf Brusthöhe nebeneinander halten. Der Kleinfingerrand zeigt zum Betrachter. Jeweils bei «pum» die Fäuste leicht federnd gegeneinander schlagen, bei «pah» noch einmal gegeneinander schlagen und danach die Fäuste seitlich herauf bis über den Kopf schwingen. Die Arme sind dabei fast gestreckt. Das «pah!» rufend und gedehnt sprechen. Man nimmt sich viel Zeit dafür. Das Ganze zwei Mal ausführen.

3 Molle – mulle – molle – mulle,
r l r l
Molle – mulle – molle – mulle:
r l r l

3 Bewegungsanleitung siehe oben bei 1

4 Hoppa-la! – Hoppa-la! –
↓ ↑↓ ↑ ↓ ↑ ↓ ↑

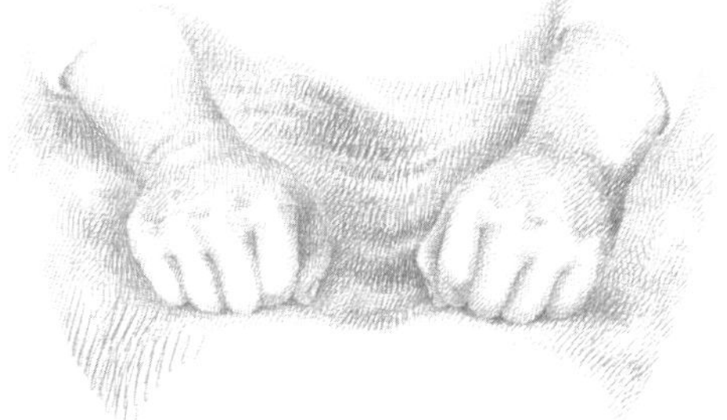

4 Die Fäuste mit den Fingern bei der Silbe «Hop» luftig nach unten auf die Oberschenkel aufschlagen. Dann federn die Fäuste bei der Silbe «pa» etwa bis auf Gesichtshöhe hinauf, schlagen bei der Silbe «la» erneut auf die Schenkel auf und federn in der Pause nur noch schwach bis etwa auf Magenhöhe nach. Die Silbe «pa» ist durch die Bewegung betont und soll auch sprachlich durch einen hellen Stimmklang hervorgehoben werden.

5 Molle – mulle – molle – mulle,
r l r l
Molle – mulle – molle – mulle:
r l r l

5 Siehe oben bei 1.

6 Pom – pom – peck! –
Pom – pom – peck! –

6 Die Fäuste mit den eingerollten Fingern jeweils bei «pom» auf die Brust aufschlagen und bei «peck!» die linke Faust mit der Daumenseite nach oben etwa auf Magenhöhe vor sich halten. Gleichzeitig die rechte Faust mit den eingerollten Fingern flach auf die linke Faust auflegen.

7 Molle – mulle – molle – mulle,
r l r l
Molle – mulle – molle – mulle:
r l r l

7 Siehe oben bei 1

8 Wup! Und weg!
)↑(

8 Bei «Wup!» beide Fäuste schwungvoll bis über den Kopf hinauf führen, in der Bewegung nicht innehalten, sondern die Fäuste im großen Bogen hinter den Rücken und bei «weg!» aus dem Blickfeld des Betrachters verschwinden lassen.

9 Ganz weg!

9 Das Spiel kann ein bis zwei Mal wiederholt werden. Beim endgültigen Abschluss werden beide geöffneten Hände mit den Handinnenflächen nach vorne zum Betrachter ausgebreitet, so wie: Seht! Molle und Mulle sind nicht mehr da!

Hinweis:
Dieses Spiel ist so komponiert, dass es befreiend und ordnend, beruhigend und weckend zugleich wirkt. Bewegungsfreude: Molle – mulle, Bewegungskontrolle: Zwischenteile, Eigenberührung: Beruhigung (bei sich sein), weckend (zu sich kommen).

Knulle und Knolle

Rhythmisch-musikalisches Handbewegungsspiel für die Fäuste

Knulle und Knolle
wickeln Wolle.
Wickeln – wickeln ein Knäuel Wolle.
Rolle – rolle, wickeln ein großes Knäuel Wolle.
Rolle – rolle, wickeln ein riesengroßes
Knäuel Wolle!
Rie – sen – groß!

Dann geben Knulle und Knolle
dem Wollknäuel einen Stoß!
Das rollt – rollt – rollt,
tollt – tollt – tollt
weit – weit – fort.

Knulle und Knolle schaun hinterher. – – – – –
Sie sehen es nicht mehr. – – – – –

Doch das Ende vom Faden
blieb bei Knulle und Knolle liegen.
Sagt Knulle zu Knolle:
«Das werden wir kriegen.»

Knulle und Knolle wickeln Wolle.
Wickeln – wickeln ein Knäuel Wolle.
Rolle – rolle, wickeln ein großes Knäuel Wolle.
Rolle – rolle, wickeln ein riesengroßes
Knäuel Wolle.
Rie – sen – groß!

Es ist wieder da!
Hurra – hurra! – Hurra – hurra!

Knulle und Knolle
legen das Knäuel in den Korb
– decken es zu –
und halten Ruh!

Text	Bewegungen
1 Stumm	1 Der Erzieher macht stumm beide Hände zu lockeren Fäusten, die Daumen liegen oben auf den Zeigefingern. Die Fäuste ruhen mit dem Kleinfingerrand auf den Oberschenkeln. Beide Fäuste werden gleichzeitig stumm bis etwa zur Magenhöhe gehoben. Die Handrücken sind dem Betrachter zugewendet.
2 Knulle und Knolle r l	2 Knulle und Knolle werden vorgestellt, indem man zuerst die rechte Faust (Knulle) und danach die linke Faust (Knolle) leicht dem Betrachter zuneigt und wieder zurück bewegt.

3 wickeln Wolle.
r l
oben oben

3 Die Fäuste werden zunächst ganz eng und langsam umeinandergedreht. Die rechte Faust beginnt oben über außen um die linke Faust herum. Die Bewegung ist fließend. Der Sprachrhythmus und der Bewegungsablauf müssen vom Erzieher aufeinander abgestimmt werden.

4 Wickeln – wickeln ein Knäuel Wolle.
r l r l
oben oben oben oben

4 Die Fäuste drehen weiter im Sprachrhythmus eng umeinander. Die Rechte beginnt wieder oben. Die Kinder werden zunächst in einem freien Rhythmus ihre Bewegungen ausführen, das ist richtig so und darf nicht korrigiert werden.

5 Rolle – rolle, wickeln ein
r l r l
großes Knäuel Wolle.
r l r

5 Siehe oben bei 3
Die Fäuste drehen allmählich in grösseren Kreisen umeinander, allerdings nicht zu groß, damit man noch Möglichkeit für das «riesengroße» Knäuel hat. Das Sprechtempo wird der Bewegung angepasst, damit beides stimmig zusammenkommt.

6 Rolle – rolle, wickeln ein
l r l r
riesengroßes Knäuel Wolle!
l r l r

6 Siehe oben bei 3. Die Kreisbewegungen werden noch größer und das Tempo wird entsprechend langsamer. Den letzten Kreis macht man so groß wie möglich, ohne allerdings zu übertreiben. Die Bewegung muss immer kontrolliert geführt bleiben.

7 Rie – sen – groß!

7 Es folgt eine kleine Pause. Dann die geöffneten Hände seitlich stumm nach oben über den Kopf führen und von oben im großen Kreis, wie das große Knäuel umfahrend, über aussen nach unten führen. Zum Schluss werden die Hände unten, mit den Handflächen nach oben gerichtet, aneinandergelegt.

8 Dann geben Knulle und Knolle

8 Gleiche Bewegungen bei 1 und 2

9 dem Wollknäuel einen

9 Beide Fäuste gleichzeitig nach oben und zurück führen, bis sie rechts und links neben dem Kopf sind. Dabei wird der Oberkörper leicht zurückgeneigt und zum Stoß ausgeholt.

10 Stoß!
↑↑

10 Mit beiden Fäusten kräftig und schnell nach vorne stoßen, und mit dem Oberkörper mitgehen.

11 Das rollt – rollt – rollt
r l r

11 Die Fäuste werden vor sich etwa in Magenhöhe im Sprachrhythmus wie oben bei 3 schnell umeinander gedreht. Die rechte Faust beginnt.

12 tollt – tollt – tollt
l r l

12 Die Hände öffnen und abwechselnd von sich weg nach vorne bewegen. Jede Hand geht etwas weiter vor. Es sind leicht abrollende Bewegungen wie beim Gehen. Den Oberkörper leicht mitnehmen. Die linke Hand beginnt.

13 weit – weit – fort.
r l r

13 Siehe oben bei 12. Die Hände und der Oberkörper deuten immer weiter nach vorne. Gleichzeitig wird das Bewegungs- und das Sprachtempo langsamer.

14 Stumm

14 Ein Weilchen nach vorn geneigt bleiben und stumm dem Knäuel nachschauen. Oberkörper wieder zurücknehmen und während des Aufrichtens wieder die Fäuste als Knulle und Knolle bilden.

15 Knulle und Knolle
r l

15 Die Fäuste nacheinander hochheben und dazu die entsprechenden Namen sprechen.

16 schauen hinterher.
↑

16 Beide Hände wie einen Schild an die Stirn legen und dem davon gerollten Kneuel hinterherschauen.

17 Stumm
← →

17 Dann mit gleicher Gebärde stumm zunächst etwas nach links und dann nach rechts suchend schauen.

18 Sie sehen es nicht mehr.

18 Leichte verneinende Kopfbewegung. Die Hände dabei herunternehmen.

19 Doch – – –

19 Beide Hände mit gestreckten Zeigefingern hochheben.

20 das Ende vom Faden blieb bei
Knulle und Knolle liegen.

20 Mit den Zeigefingern von oben nach unten zeigen in einer durchgehenden langsamen Bewegung, die so lange dauern soll, bis der Text zu Ende gesprochen ist, dann erst mit den Zeigefingerspitzen unten angekommen sein.

21 Stumm

21 Siehe oben, wie bei 1 die Fäuste heben.

22 Sagt Knulle zu Knolle:
r l

22 Zuerst die rechte Faust (Knulle) seitwärts zur linken Faust (Knolle) neigen. Danach die linke Faust dicht zur Rechten neigen und bei den entsprechenden Gebärden die Namen nennen.

23 «Das werden wir kriegen!»

23 Beide Fäuste über vorne nach unten und im Bogen wieder zum Körper zurück heraufführen, als ob man etwas zu sich holt.

24 Knulle und Knolle
wickeln Wolle.
Wickeln – wickeln ein Knäuel Wolle
Rolle – rolle, wickeln ein
großes Knäuel Wolle.
Rolle – rolle, wickeln ein
riesengroßes Knäuel Wolle
Rie – sen – groß!

24 Wie oben bei 2 bis 7

25 Es ist wieder da!

25 Entweder:
a) Die Hände seitlich an das «riesengroße Knäuel» legen und es etwas nach vorne, allen zeigend, hochhalten, oder:
b) das imaginäre «riesengroße Knäuel» vor sich mit beiden Armen umschließen bis sich die Fingerspitzen berühren.

26 Hurra – hurra! Hurra – hurra!
O O O O

26 Die Hände mit den Innenflächen nach vorne senkrecht hochführen und bei: «O» lebhaft ein- und ausdrehen.

27 Knulle und Knolle
r l

27 Siehe oben bei 2

28 legen das Knäuel in den Korb

28 Das imaginäre große Knäuel mit den Händen rechts und links seitlich umfassen und mit einem kleinen Schwung über oben vor sich hinunter in den Schoß (Korb) legen.

29 decken es zu

29 Beide Hände mit den Handinnenflächen nach unten als Deckel oder Deckchen zusammenführen und bei: «zu» auf den imaginären Korb legen. Eine Weile in dieser Haltung ruhig verharren.

30 und halten Ruh!

30 Sich gerade aufrichten und bei: «Ruh!» die Arme unterschlagen. In dieser Haltung eine Weile ruhig sitzenbleiben. Dann eventuell ein Ruhelied summen oder singen und dabei leicht im Rhythmus mit dem Oberkörper hin- und herschwingen.

Pöm und Pam

Rhythmisches Erzählchen für die Fäuste

Pöm und Pam, die beiden,
mögen sich gern leiden!

Pöm und Pam,
die wandern, wandern,
einer mit dem andern
in die Welt hinaus.

Kehren um
und wandern, wandern,
einer mit dem andern,
zurück, zurück nach Haus
und ruh'n ein Weilchen aus.

Jetzt springen sie. Seht nur, wie:
Pöm über Pam, Pam über Pöm.
Pöm über Pam, Pam über Pöm.
Pöm – Pam – Pöm – Pam
und hopp und hopp und hopp und stopp!
Noch einmal hin und her, –
Pöm und Pam springen nicht mehr! –

Jetzt steigen sie. Seht nur, wie:
Pam auf Pöm und Pöm auf Pam.
Pam auf Pöm und Pöm auf Pam.
Pam – Pöm – Pam – Pöm
steigen, steigen
in – die – Höh'! O, weh!
Sie werden schwindelig,
ganz fürchterlich.
Plumps! –
Da liegen sie im Dreck. –
Pöm und Pam, die laufen weg, laufen weg!

Text	Bewegungen
1 Pöm und Pam	1 Lockere Fäuste bilden, der Daumen liegt auf den Fingern. Der Kleinfingerrand ist nach unten gerichtet. «Pöm» ist die rechte Faust, «Pam» ist die Linke. Beim Nennen der Namen die jeweilige Faust auf den rechten, beziehungsweise den linken Oberschenkel aufsetzen.

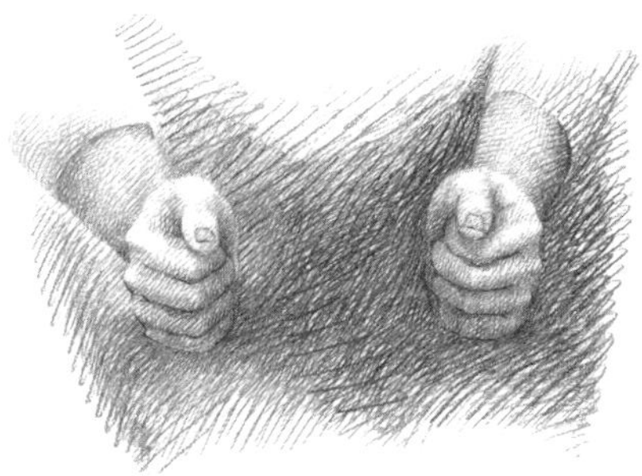

2 die beiden	2 Beide Fäuste etwas anheben, «Pöm» und «Pam» werden vorgestellt.

3 mögen sich gern leiden!

3 Die beiden Fäuste dicht über den Oberschenkeln mit den eingerollten Fingern aufeinander zuführen und bei «leiden» sanft gegeneinander drücken.

4 Pöm und Pam, die wan-dern, wan-dern
r l r l r l
in die Welt hinaus. –
r l r l

4 Mit beiden Fäusten rechts und links abwechselnd (wie links angegeben) auf den Oberschenkeln vom Körper in Richtung Knien wandern. Den Weg gut einteilen, damit man bei «hinaus» genau an den Knien ankommt. Die rechte Faust beginnt. Das rhythmische Sprechen und die leichte, federnde Bewegung gut aufeinander abstimmen. Der letzte Schritt wird stumm ausgeführt.

5 Kehren um und wan-dern, wan-dern
r l r l r l
einer mit dem and-ern
r l r l
zurück, zurück nach Haus –
r l r l

5 Mit beiden Fäusten in derselben Haltung abwechselnd wieder zurück von den Knien bis zum Oberkörper auf den Oberschenkeln wandern. Den Rhythmus gut einhalten.

6 und ruh'n ein Weilchen aus.

6 Beide Fäuste umkippen mit den eingerollten Fingern nach unten auf die Oberschenkel legen. Eine kleine Pause einhalten.

7 Jetzt springen sie. Seht nur, wie:

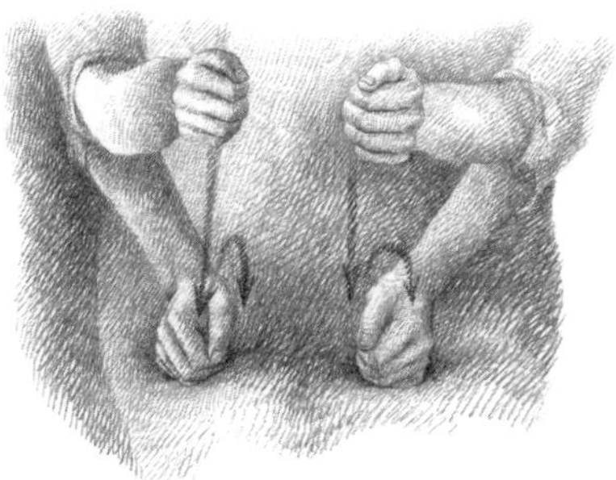

7 Bei: «Jetzt» die Fäuste wieder auf den Kleinfingerrand aufstellen. Bei: «springen» und «seht» beide Fäuste gleichzeitig etwas hochschnellen lassen. Nach dem zweiten Mal die Fäuste hintereinander auf den Schenkeln aufkommen lassen. Die rechte Faust ist näher beim Körper, die Linke näher beim Betrachter.

8 Pöm über Pam - Pam über Pöm

Pöm über Pam - Pam über Pöm

Pöm – Pam – Pöm – Pam

und hopp und hopp und hopp und stopp!

↑ ↓↓

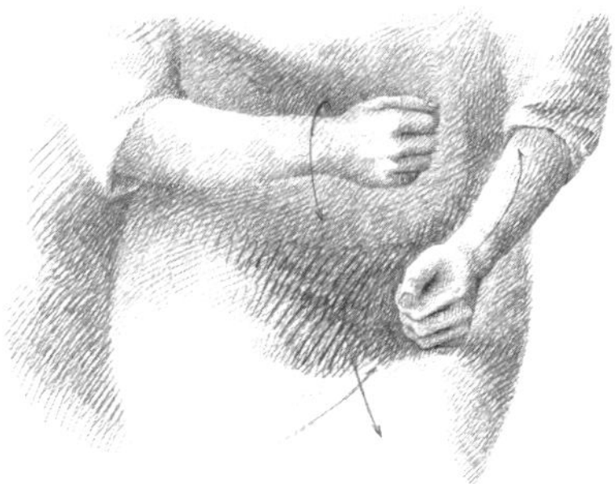

8 Die rechte Faust überspringt im Bogen die Linke, dadurch ist jetzt die rechte Faust näher beim Betrachter. Während des Sprunges der rechten Faust wird die Linke an den eben verlassenen Platz der Rechten zurückgezogen. Dann springt die linke Faust über die Rechte, jetzt wird die Rechte zurückgezogen, so dass im weiteren Verlauf das Springen immer an der gleichen Stelle auf den Schenkeln stattfindet. Beim letzten «und» die rechte Faust hochreißen und eine Weile erhoben halten. Dadurch kommt die Bewegung zum Stehen. Bei: «stopp» beide Fäuste nebeneinander in den Schoß setzen und eine Weile still halten. Das «Springen» leicht und federnd gestalten. Das Tempo wird schneller, bleibt aber bis zum Schluss rhythmisch kontrolliert.

9 Noch einmal hin und her, –
Pöm und Pam springen nicht mehr!–

9 Bei: «hin» mit beiden Fäusten gleichzeitig noch einen Sprung in Richtung zu den Knien machen und bei: «her» wieder im Bogen zurück zum Ausgangspunkt springen. Die beiden Fäuste ruhig halten und anschauen. Beim Nennen der Namen erst die rechte Faust (Pöm), dann die linke Faust (Pam) mit den eingerollten Fingern nach unten auf die Oberschenkel legen. Bei: «nicht mehr» verneinend den Kopf schütteln.

10 Jetzt steigen sie. Seht nur, wie:

↑ ↑

10 Beide Fäuste wieder auf den Kleinfingerrand aufstellen und mit eingerollten Fingern zueinander gewendet, gemeinsam senkrecht nach oben führen. Das Sprachtempo ist langsam, die Worte werden gedehnt gesprochen. Nach der Textzeile die Fäuste stumm langsam wieder herunternehmen.

11 Pam auf Pöm und Pöm auf Pam.
l o o
Pam auf Pöm und Pöm auf Pam.
o o
Pam – Pöm – Pam – Pöm
o o o o
stei – gen, stei – gen
o o o o
in – die – Höh'!
o o o

11 Die linke Faust wird bei: «o» auf die auf dem Oberschenkel stehende Faust aufgesetzt. Danach die rechte Faust unter der Linken hervorziehen, die Linke aber in der Höhe unverändert lassen. Beim nächsten «o» die rechte Faust auf die Linke aufsetzen, die Linke unter der Rechten hervorziehen, dieses Mal die Höhe der rechten Faust unverändert lassen, immer so weiter. Die Fäuste steigen also rhythmisch senkrecht nach oben, und je höher sie steigen, umso langsamer geht es voran. Man merkt die «Anstrengung». Auch die Stimme steigt in der Tonhöhe und nimmt etwas an Lautstärke zu. Die Arme jedoch nicht überstrecken!

12 O, weh!

12 Die übereinander liegenden Fäuste über dem Kopf bei: «weh!» etwas nach hinten schwingen.

13 Sie werden schwindelig,

13 Bei «schwindelig» jetzt etwas stärker nach vorn zum Betrachter hin schwingen.

14 ganz fürchterlich.

14 Bei «fürchterlich» noch einmal nach hinten schwingen und stumm wieder nach vorn, dann ganz plötzlich:

15 Plumps! –
↓ ↓

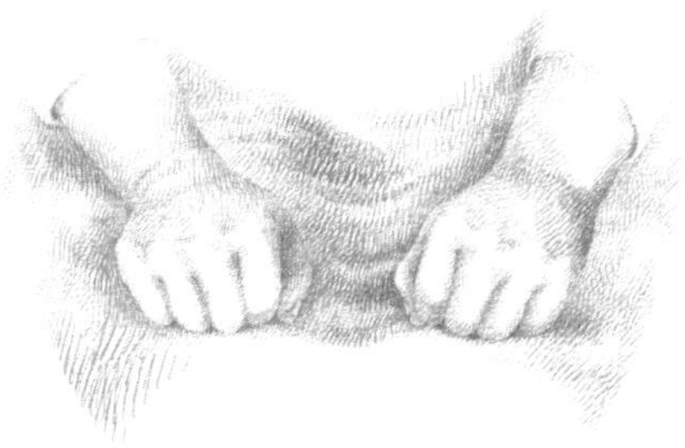

15 Beide Fäuste mit den nach unten gerichteten eingerollten Fingern plötzlich entspannt auf die Oberschenkel fallen lassen. Ganz leicht nachfedern. Eine Weile in dieser Haltung verharren.

16 Da liegen sie im Dreck! -

16 Die beiden Fäuste anschauen und bei den Worten «liegen» und «Dreck» mit dem Kopf nicken.

17 Pöm und Pam
r l

17 Beim Nennen der Namen die jeweilige Faust auf den Kleinfingerrand stellen.

18 die laufen weg, laufen weg!

18 Beide Fäuste laufen schnell hinter den Rücken. Die Rechte rechts herum, die Linke links herum. Das letzte Stück laufen sie stumm.

Hinweis:
Das Überstrecken der Arme bewirkt, dass das Spielgeschehen aus dem Bereich des Handbewegungs-Spiels in den der Großbewegung (ganzer Körper) übergeht. Das bringt das Kind dazu, selbst auf Stühle oder Hocker zu steigen und wieder herunterzuspringen (sich fallen zu lassen).

Teil II

Spiele für die Daumen und die Finger

Tam und Tim

Daumenspiel mit Klangsilben

Tam und Tim:
Tip – tap – tip – tap – tip – tap – tip – tap. –
Tam und Tim:
Wip – wap – wip – wap – wip – wap –
wip – wap. –
Tam und Tim:
Nima – nima – nimmanimma – nap! –
Tam und Tim:
Schnip – schnap – schnip – schnap –
schnip – schnap – schnip –
und schnapp!

Text	Bewegungen
1 Tam und Tim:	1 Zunächst stumm mit beiden Händen Fäuste bilden und mit dem Kleinfingerrand etwa auf die Mitte der Oberschenkel stellen, die Daumen stecken in den Fäusten. Nach dieser Vorbereitung werden «Tam» und «Tim» vorgestellt. Zuerst die rechte Faust hochheben und beim Nennen des Namens den Daumen senkrecht hinausstrecken. Dasselbe folgt links mit «Tim». Die Namen werden mit kurzem «a» und «i» gesprochen. Nach einer kleinen Pause werden die Fäuste auf Magenhöhe nah nebeneinander heruntergenommen.
2 Tip – tap – tip – tap – tip – tap – tip – tap – r l r l r l r l	2 Zuerst den rechten Daumen auf den rechten eingerollten Zeigefinger legen, dann den linken Daumen auf den linken eingerollten Zeigefinger legen. Während der eine Daumen hinunter geht, wird der andere wieder hochgehoben. So abwechselnd in schnellem Rhythmus vier Mal ab- und auf bewegen. Nach dem letzten Mal die Daumen eine Weile liegen lassen.

3 Tam und Tim:

3 Der rechte Daumen und dann den linken wie bei 1 hoch strecken und anschliessend die Fäuste wieder herunternehmen.

4 Wip – wap – wip – wap – wip – wap – wip – wap –

X v X v X v X v

4 Bei: «wip» die Daumen kreuzen. Bei: «wap» die Daumen je nach rechts und links auseinander strecken. Nach dem letzten Mal die Daumen wieder auf die eingerollten Zeigefinger legen und so eine kleine Weile ruhig verharren.

5 Tam und Tim:

5 Siehe oben bei 1 und 3.

6 Nima – nima – nimmanimma – nap! –

6 Beide Fäuste mit den eingerollten Fingern nach unten wieder auf Magenhöhe vor sich hinhalten. Die Daumen werden waagrecht zueinander ausgestreckt. Dann frei im Sprachrhythmus die Daumen umeinander kreisen. Bei: «nap!» die Fäuste senkrecht wenden, sodass der Kleinfingerrand nach unten zeigt. Dann die Daumen kurz auf die eingerollten Zeigefinger legen und wieder hoch strecken.

7 Tam und Tim:

7 Siehe oben bei 1 und 3.

8 Schnip – schnap – schnip – schnap –

↓↑ ↑↓ ↓↑ ↑↓

schnip – schnap - schnip

↓↑ ↑↓ ↓↑

8 Die Daumen abwechselnd rhythmisch in Gegenrichtung vor- und rückwärts gegeneinander schlagen und sie dabei berühren. Die Bewegungen klein und schnell ausführen. Der rechte Daumen wird zuerst gegen den linken Daumen geschlagen.

9 und schnapp!

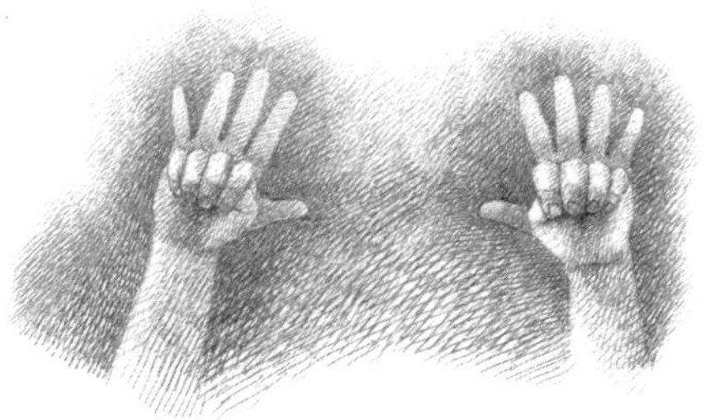

9 Bei «und» die Fäuste sehr langsam öffnen bis die Finger ganz gestreckt sind und zum Zuschauer zeigen. Gleichzeitig die Daumen waagrecht zueinander richten. Dabei sehr gedehnt sprechen. Die Bewegungen und insbesondere die abstehenden Daumen werden vom Erzieher mit aufmerksamem Blick verfolgt.

Bei: «schnapp!» gleichzeitig mit den Fingern beider Hände die Daumen umfassen. Nicht zu abrupt!

10 Stumm

10 Die Arme überkreuzen und dabei die Fäuste mit den «geschnappten» Daumen unter die Achselhöhlen legen und verschwinden lassen. Ein Weilchen so sitzen und dann die Geste auflösen.

Hinweis:
Der Daumen ist die Willenszone der Hand. In diesem Spiel sind besonders die Raumerfahrungen von «unten – oben», «innen – aussen», «rund – gerade», «vorne – hinten» hervorgehoben. Sprachlich geschieht ein ständiger Wechsel von «m» und «p» und von «a» zu «i» und von «i» zu «a». Ebenso findet ein rhythmischer Wechsel von Bewegungsfreude mit Bewegungskontrolle mit Eigenberührung statt.

Bumsti – Wumsti

Rhythmisches Silbenspiel für die Daumen

Bumsti! – Wumsti!
Bulli-bulli-bulli-bulli – bob!

Bumsti – Wumsti!
Wulli-wulli-wulli-wulli – wob!

Bumsti – wumsti
bumsti – wumsti
bumsti – wumsti – bab!

Bumsti! – Wumsti!
bulli-bulli-wulli-wulli - wab!

Text	Bewegungen
1 Bumsti!	1 Der Erzieher macht seine Hände zu Fäusten, die Daumen sind von den Fingern umschlossen. Dann stellt er die Fäuste mit dem Kleinfingerrand auf die Oberschenkel. Bei dem Namen «Bumsti» nimmt der Erzieher die rechte Faust vom Oberschenkel bis etwa auf Magenhöhe hoch und streckt gleichzeitig beim Sprechen des «B» den Daumen senkrecht aus der Faust heraus.
2 Wumsti!	2 Die linke Faust leicht hochnehmen und gleichzeitig beim Sprechen des «W» den linken Daumen senkrecht aus der Faust herausstrecken.
3 Bulli-bulli-bulli-bulli r l r l r l r l	3 Die Fäuste mit den gestreckten Daumen kippen, sodass die Handrücken nach oben gerichtet sind und die Daumen mit dem äußersten Fingerglied voreinander liegen. Bei «bulli-bulli…» die Daumen im Sprachrhythmus umeinander drehen, wie «Däumchen drehen». Der rechte Daumen

	bewegt sich stets bei der Silbe «bu» vor dem linken Daumen abwärts, der linke führt diese Bewegung bei der Silbe «lli» aus.
4 bob!	4 Nach der letzten Drehung der Daumen die Fäuste ein wenig nach rechts und links voneinander entfernen und exakt auf die Silbe «bob!» die Daumenspitzen zusammenführen und leicht gegeneinander drücken.
5 Bumsti!	5 Die rechte Faust beim Nennen des Namens drehen, sodass der Daumen wieder senkrecht nach oben steht.
6 Wumsti!	6 Die linke Faust drehen und den Daumen senkrecht stellen.
7 Wulli-wulli-wulli-wulli r l r l r l r l	7 Die gleiche Bewegung wie oben bei 3 beschrieben ausführen.
8 Wob!	8 Zeitgleich mit der Silbe «Wob» die Fäuste abwärts drehen, sodass die herausgestreckten Daumen mit der Kuppe nahe beim Knie auf den Schenkeln stehen.
9 Bumsti – wumsti vor rück bumsti – wumsti vor rück bumsti – wumsti vor rück	9 In der Haltung, wie sie bei 8 beschrieben ist, bleiben und mit dem Oberkörper im Sprachrhythmus nach vorn und wieder zurück schwingen. Die Bewegung beginnt ganz klein und wird zunehmend etwas größer. Mit der Bewegungsvergrößerung nimmt auch die Lautstärke der Sprache leicht zu.
10 bab!	10 Mit einer raschen Bewegung und gleichzeitig mit der Silbe «bab!» die Fäuste umdrehen, sodass die Daumen wieder senkrecht nach oben stehen.
11 Bumsti!	11 Die rechte Faust beim Nennen des Namens ein klein wenig auf den Betrachter zubewegen.

12 Wumsti!

12 Die linke Faust macht das Gleiche wie die Rechte bei 11.

13 bulli-bulli-wulli-wulli

13 Die Daumen wie bei 3 und 7 beschrieben umeinander drehen.

14 Wab!

14 Beide Daumen verschwinden gleichzeitig mit der Silbe «Wab!» in den Fäusten. Der Erzieher schaut noch einen Moment seine Fäuste an und wendet sich dann heiter den Kindern zu. Dann die Fäuste auflösen und die Hände locker hängen lassen.

Flap und Flop

Rhythmisch-musikalisches Erzählchen für die Daumen

Flap und Flop
die tanzen zu zwein
einen lust'gen Ringelreih'n.
Ringelreih'n – Ringelreih'n
tanzen Flap und Flop zu zwein.

Flap und Flop
die wak - keln – wak - keln
hin und her, hin und her –
wak - keln – wak - keln
und dann wackeln sie nicht mehr.

Flap und Flop
die springen:
Hoppsa – hop! Hoppsa – hop
springen – springen
Flap und Flop.

Dann verbeugen sich die Zwei,
schlüpfen ins Haus (Bett)
und das Spiel ist vorbei!

Text

1 Flap und Flop

2 die tanzen zu zwein
o o

Bewegungen

1 Der Erzieher schließt seine Hände zu Fäusten, die Daumen sind von den Fingern umschlossen. Dann stellt er die Fäuste mit dem Kleinfingerrand auf die Oberschenkel. «Flap» und «Flop» werden vorgestellt, indem man zuerst bei: «Flap» den Rechten und bei: «Flop» den linken Daumen hoch streckt. In einem kleinen Bogen über oben die beiden Fäuste mit den herausgestreckten Daumen aufeinander zu bewegen, bis sich die Fäuste berühren.

2 Die Daumen im Sprachrhythmus gegengleich kreisen lassen. Die Kreisbewegung beider Daumen beginnt in der Mitte und geht mit einem kleinen Schwung nach hinten. Dann gehen die Daumen rechts und links nach außen auseinander und nähern sich vorne, um in der Mitte wieder zusammen zu kommen.

3 einen lust'gen Ringelreih´n
o ↑↑ o o

3 Beide Fäuste mit den herausgestreckten Daumen gleichzeitig bei «lust´gen» einen kleinen Hüpfer ausführen lassen.

4 Ringelreih'n – Ringelreih'n.
o o o o
tanzen Flap und Flop zu zwein.
o o o o

4 Die Daumen «tanzen» wie angegeben weiter. Mit einer kleinen Zäsur das «Tanzen» ausklingen lassen.

5 Flap und Flop
| |

5 Bei: «Flap» mit dem rechten Daumen kurz den Zeigefinger berühren und wieder hochstrecken. Bei: «Flop» die gleiche Bewegung mit dem linken Daumen ausführen.

6 die wak - keln – wak - keln
← → ← →
hin und her, hin und her –
← → ← →
wak - keln – wak - keln
← → ← →
und dann wackeln sie nicht mehr.
← → ↑↑ ↓↓

6 Dann im Rhythmus, wie angegeben, die beiden Daumen parallel zuerst schräg nach links, dann schräg nach rechts und immer so weiter bewegen.
Bei: «nicht» die Daumen senkrecht stellen und die Fäuste leicht anheben und bei «mehr» die Fäuste mit den senkrecht stehenden Daumen wieder an den Augangspunkt zurückführen. Eine Weile still halten.

7 Flap und Flop

7 Siehe oben bei 5 Flap und Flop verbeugen sich.

8 die springen:
↑↑ ↓↓
Hoppsa – hop! Hoppsa – hop
↑↑ ↓↓ ↑↑ ↓↓

8 Bei: «springen» beide Fäuste mit den hochgestreckten Daumen im Rhythmus parallel senkrecht auf und ab bewegen. Nach dem Berühren des Oberschenkels leicht hochfe-

springen – springen. ↑↑ ↓↓ Flap und Flop. ↑↑ ↓↓	dern. Das gibt den Impuls für den nächsten Sprung. Nach dem letzten Sprung die Fäuste mit den hochgestreckten Daumen eine kleine Weile so still halten.
9 Dann verbeugen sich die Zwei,	9 Siehe oben bei 5 und 6
10 schlüpfen ins Haus (Bett)	10 Beide Daumen bei: «schlüpfen» in die Fäuste stecken.
11 und das Spiel ist vorbei!	11 Beide Fäuste öffnen und die Hände mit gestreckten Fingern und den Handinnenflächen nach oben gerichtet nach vorne zum Betrachter ausstrecken, sodass man hineinschauen kann.

Pitz und Potz

Rhythmisch-musikalisches Erzählchen für die Zeigefinger

Ich erzähle euch etwas:
Pitz und Potz, die machen Spaß!
Machen Spaß! – Machen Spaß!

Sie bücken sich und drücken sich,
drücken sich.
Zieh'n sich hin und her – hin und her –
Oooooh! – Uuuuuh! –
Uff!

Es geht nicht mehr! – Es geht nicht mehr!
Hu! – – Wwwops! – – – – –
Sie sitzen auf dem Pops! – – – – –
Haaa! – Duuuu – – – – –
dummer Tropf, dummer Tropf! – – – – –
Du dummer Tropf!

Sie bauen eine Brücke!
Und ich guck durch die Lücke!

<u>Text</u>

1 Ich erzähle euch etwas:

2 Pitz und Potz

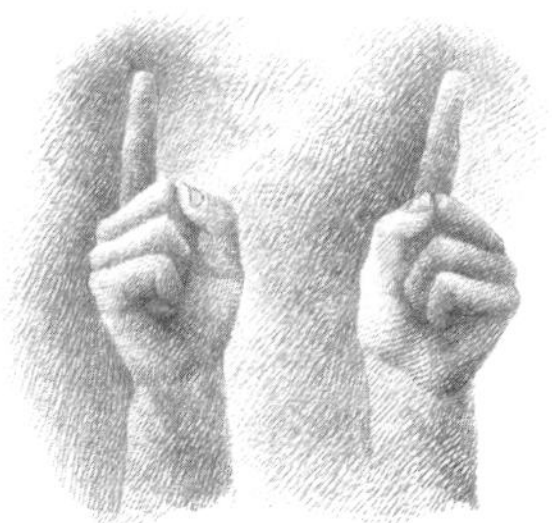

3 die machen Spaß!
  •   •
Machen Spaß! – Machen Spaß!
•   •   •   •

4 Sie bücken sich

<u>Bewegungen</u>

1 Der Erzieher wendet sich vergnügt den Kindern zu.

2 Bei: «Pitz» den rechten Zeigefinger hochheben (Pitz vorstellen) und bei: «Potz» den linken Zeigefinger heben (Potz vorstellen). Der Daumen liegt locker auf den anderen leicht eingerollten Finger. Ein Weilchen etwa auf Kinnhöhe hochhalten.

3 Beide Zeigefinger in gleicher Höhe gleichzeitig mit leichter Bewegung aus dem Handgelenk zuerst zwei Mal nach vorn federn, dann zwei Mal nach links und zwei Mal nach rechts federn. Die Bewegung im Sprachrhythmus wie links angegeben ausführen.

4 Die Zeigefinger zueinander drehen. Pitz und Potz stehen sich, einander betrachtend, gegenüber und sehen sich an. Die Zeigefinger langsam beugen und dabei gedehnt sprechen.

5 und drücken sich,

→← ←→

drücken sich.

→←←→

5 Die gebeugten Zeigefinger mit dem mittleren Glied bei: «drücken» kräftig gegeneinander drücken und dabei gedehnt sprechen. Bei: «sich» leicht auseinander gehen.

6 Zieh'n sich hin und her

→ ←

– hin und her –

→ ←

6 Die Zeigefinger ineinander verhakeln und so nach rechts (hin) und links (her) ziehen, wobei abwechselnd der rechte und dann der linke Zeigefinger zieht. Beim zweiten Mal gedehnt sprechen und bewegen.

7 Oooooh! – Uuuuuh! –

←→ ←→

Uff!

↔

7 Die ineinander verhakelten Zeigefinger ziehen zwei Mal gleichzeitig in die Gegenrichtung. Ein gedehnt klingendes «Oooooh!» und «Uuuuuh!» sprechen, begleitet von dem vergeblichen Bemühen, den andern zu sich herüberzuziehen. Es ist kein realistisches Stöhnen! Beim dritten Mal nur ein kurzer intensiver Gegenzug mit kurzem «Uff!»-Ruf.

8 Es geht nicht mehr -

↑ ↓

es geht nicht mehr!

↑ ↓

8 Die Zeigefinger mit intensivem Gegenzug im Sprachrhythmus nach oben und unten bewegen. Beim zweiten Mal löst sich die Verhakelung immer mehr.

9 Hu!

9 Mit unterdrücktem Schreckensruf: «Hu!» lösen sich plötzlich die Zeigefinger. Die Hände fliegen mit den gestreckten Zeigefingern nach oben und dann als Fäuste mit lautlich starkem «Www...» wieder herab.

10 Wops!

stumm – – – – –

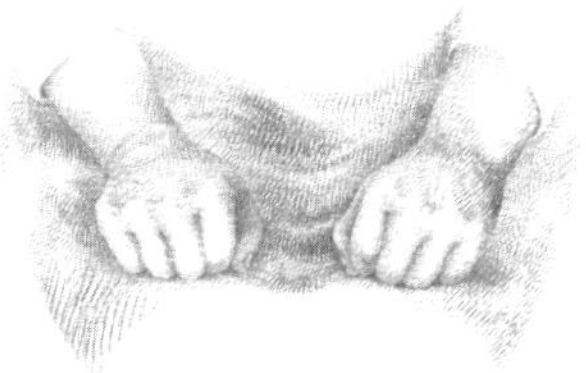

10 Bei «ops!» landen die Fäuste, mit leichtem Nachfedern, auf den Oberschenkeln. Nicht zu hart aufschlagen. Pitz und Potz haben beim Loslassen das Gleichgewicht verloren und sind hingefallen. Der Erzieher schaut zuerst die beiden stumm an und spricht dann:

11 Sie sitzen auf dem Pops! - - - - -

11 Beim Sprechen zwei Mal bestätigend nicken. Sich den Kindern zuwenden und lachen. Den Kindern Gelegenheit zum Lachen geben, jedoch nicht zu lange.

12 Haaa – – – – –

12 Beide Zeigefinger wieder aus den weit auseinander liegenden Fäusten herausstrecken und sich zuwenden. Pitz und Potz richten sich auf.

13 Duuu – – – – –

13 Die senkrechten Zeigefinger langsam nach oben in die alte Spielhöhe führen. Pitz und Potz stehen auf.

14 stumm

14 Pitz und Potz stehen sich ein Weilchen stumm gegenüber.

15 dummer Tropf – dummer Tropf!

15 Dann im links angegebenen Sprachrhythmus die Zeigefinger vier Mal kräftig nach unten schlagen. Sie kommen sich dabei immer näher bis sie sich fast berühren.

16 stumm

16 Einen Augenblick stehen sich die beiden stumm ganz nah gegenüber, weichen ebenso stumm bis etwa zu den Schultern voreinander zurück, bleiben stehen und schauen sich aus der Entfernung still an. Die Bewegungen werden von dem Erzieher die ganze Zeit aufmerksam verfolgt.

17 Du dummer Tropf!

stumm

17 Die Zeigefinger noch zwei Mal betont, jedoch langsamer herunterschlagen. Zum Schluss die Zeigefinger stumm wieder senkrecht aufrichten.

18 Sie bauen eine Brücke!

18 Die Spitzen der Zeigefinger voran aufeinander zu bewegen und bei: «Brücke» zu einem Bogen berühren.

19 Und ich guck durch die Lücke!

19 Auch die Daumenspitzen zusammenführen und mit dem rechten Auge durch das entstandene Guckloch schauen. Den Kindern dabei zulächeln.

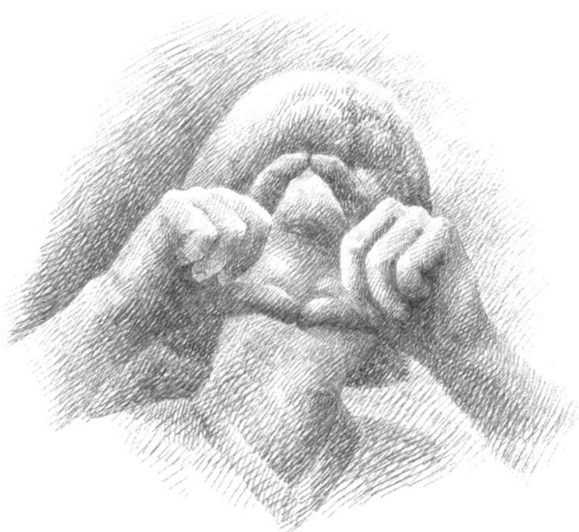

Baale – Been

Rhythmisch-musikalisches Faust- und Fingererzählchen

Baale Been geht auf den Zeh'n!
Leise, leise auf den Zeh'n.
Könnt ihr's sehn? Könnt ihr's sehn?

Baale Been tanzt auf den Ballen!
Hört ihr's knallen? Hört ihr's knallen?

Baale Been stampft mit den Hacken!
Hört ihr's klack –, klack –, klacken?

Auf den Ballen, auf den Ballen!
Hört ihr's knallen? Hört ihr's knallen?

Mit den Hacken, mit den Hacken!
Hört ihr's klack –, klack –, klacken?

Auf den Zeh'n, auf den Zeh'n!
Leise, leise, könnt ihr's seh'n?

Baale Been muss wieder geh'n,
er geht leise auf den Zeh'n.

Leise – leise – leise – leise
und ist gar nicht mehr zu seh'n. – – –

Text

1 Baale Been geht auf den Zeh'n!

Baale	Been	geht auf	den Zeh'n!
x	x	x	x
Z	M	Z	M

Leise, leise auf den Zeh'n.

Leise,	leise	auf den	Zeh'n.
x	x	x	x
Z	M	Z	M

Könnt ihr's sehn? Könnt ihr's seh'n?

Könnt ihr's	sehn?	Könnt ihr's	seh'n?
x	x	x	x
Z	M	Z	M

Bewegungen

1 Die rechte Hand mit den «gehenden» Zeige- (Z) und Mittelfingerspitzen (M) hinter dem Rücken hervorkommen lassen und im Sprachrhythmus bis fast zum rechten Knie «gehen» (X).

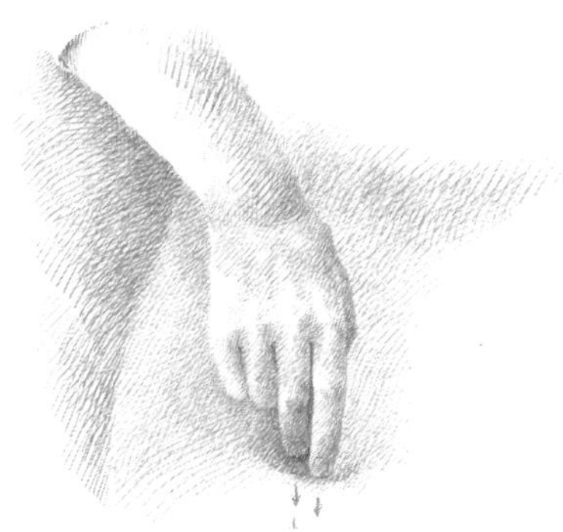

2 Baale Been tanzt auf den Ballen!

• •

Hört ihr's knallen? Hört ihr's knallen?

• •

2 Mit der rechten Hand eine Faust bilden. Die eingerollten Finger sind nach unten zum Oberschenkel gerichtet. Der Daumen berührt seitlich den Zeigefinger. Die Faust im angegebenen Rhythmus (•) auf den rechten Oberschenkel aufschlagen. Nicht zu heftig und nachfedernd. Die linke Hand ruht währenddessen locker auf dem linken Oberschenkel.

3 Baale Been stampft mit den Hacken!

/ /

Hört ihr's klack – klack – klacken?

/ / /

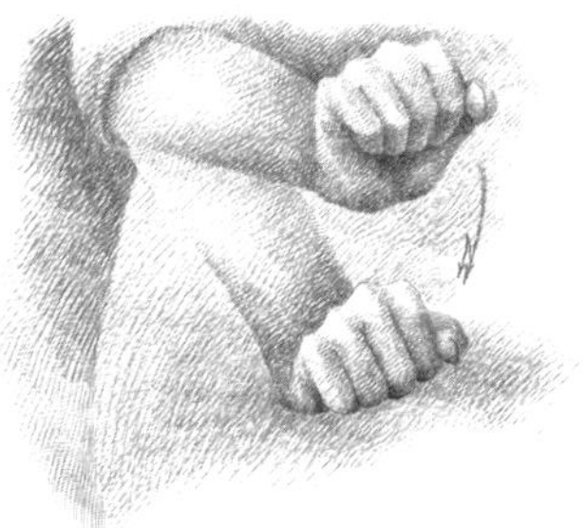

3 Die rechte Hand bleibt als Faust und stößt bei (/) mit der Handwurzel gegen den Oberschenkel. Die Faust dabei etwas zurückbiegen. Da die Bewegung schon etwas komplizierter ist, schlagen die jüngeren Kinder eventuell zunächst einfach mit der aufgestellten Faust, also mit dem Kleinfingerrand auf den Schenkel. Man lasse sie gewähren und korrigiere nicht.

4 Auf den Ballen, auf den Ballen!

• •

Hört ihr's knallen? Hört ihr's knallen?

• •

4 Siehe oben bei 2

5 Mit den Hacken, mit den Hacken!

/ /

Hört ihr's klack – klack – klacken?

/ / /

5 Siehe oben bei 3. Nicht zu hart und nachfedernd. Ebenfalls nicht zu schnell, die Bewegung muss unter Kontrolle bleiben.

6 Auf den Zeh'n – auf den Zeh'n!
x x
Z M

Leise, leise, könnt ihr's seh'n?
x x x x
Z M Z M

6 Die Umstellung von der sehr lebhaften und lauten Bewegung auf die leise und behutsame muss gut geführt werden, damit alle Kinder wieder zur Ruhe kommen. In langsamem Tempo die Aufmerksamkeit erst auf den Zeigefinger, dann auf den Mittelfinger lenken, indem man sie nacheinander bei: «Zeh'n» betont in Knienähe auf die Spitze stellt. Dann bei: «leise» im Sprachrhythmus abwechselnd viermal am Platz aufsetzen und heben.

7 Baale Been muss wieder geh'n,
x x x x
Z M Z M

er geht leise auf den Zeh'n.
x x x x
Z M Z M

7 Im Sprachrhythmus wie bei 1 «gehen». Jetzt aber auf dem Oberschenkel vom Knie rückwärts zum Körper. Der Zeigefinger beginnt.

8 Leise – leise – leise – leise
x x x x
Z M Z M

8 Um den Körper herum hinter dem Rücken verschwinden und nachschauen.

9 und ist gar nicht mehr zu seh'n.

9 Nach einer kleinen Pause sich den Kindern zuwenden. Die Arme mit den offenen Händen ausbreiten und dabei den Kopf schütteln.

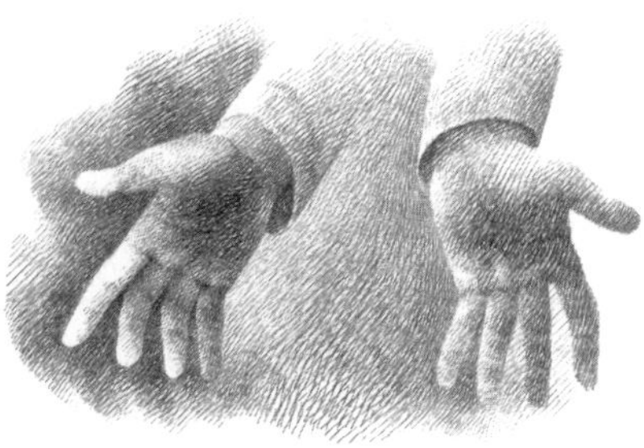

Nicki

Rhythmisch-musikalisches Spiel für den kleinen Finger

Nicki ist ein kleiner Wicht.
Angst hat der nicht.
Ist winzig klein,
kriecht ganz allein
in's dunkle Loch hinein.

«Huuuuu! – Bu – buu?»
«Huuuuu! – Bu – buu?»

Kriecht raus.
Haaaa! – Ist wieder da! – Ist wieder da!
Nicki ruft: «Ihr Brüder, geht mal weg.»
«Geht – weee – eg!»
Macht: «Kille – kille – keck!»
«Kille – kille – keck!»
Dups! – Springt weg !
Weg!

<u>Text</u>

1 Nicki ist ein kleiner Wicht.
• •

<u>Fingerbewegung</u>

1 Die rechte Hand bildet eine Faust, der Daumen liegt oben auf den Fingern. Die eingerollten Finger zeigen nach vorn zum Betrachter. Bei dem Namen «Nicki» den kleinen Finger mit einer Betonung senkrecht aus der Faust hochstrecken und im Sprachrhythmus jeweils bei «•» zwei kleine Tupfer nach vorn, oben in die Luft machen.

2 Angst hat der nicht!

2 Die Faust mit dem senkrecht gehaltenen kleinen Finger hin- und herschütteln, (nach rechts und links) wie ein verneinendes Kopfschütteln.

3 Ist winzig klein,

3 Die Faust dicht an den Körper heranziehen, etwa auf Brusthöhe. Die Faust dabei so drehen, dass die Daumenseite zum Körper gewendet ist und der kleine Finger (Nicki) mit der Außenseite zum Zuschauer zeigt. Um anzudeuten wie winzig er ist, hält man den kleinen Finger leicht gebeugt, also nicht mehr ganz aufrecht. Bevor man weiterspricht, bildet man mit der linken Hand auch eine lockere Faust, die auf dem

linken Oberschenkel aufliegt. Den Daumen locker, den Zeigefinger berührend, auch auflegen, sodass sich ein Loch bildet.

4 kriecht ganz allein	4 Den «Nicki» im Bogen herüber und runter zur linken Hand führen und dem «Loch» annähern.
5 in's dunkle Loch hinein.	5 Den «Nicki» jetzt ins Loch hinein kriechen lassen, soweit als möglich.

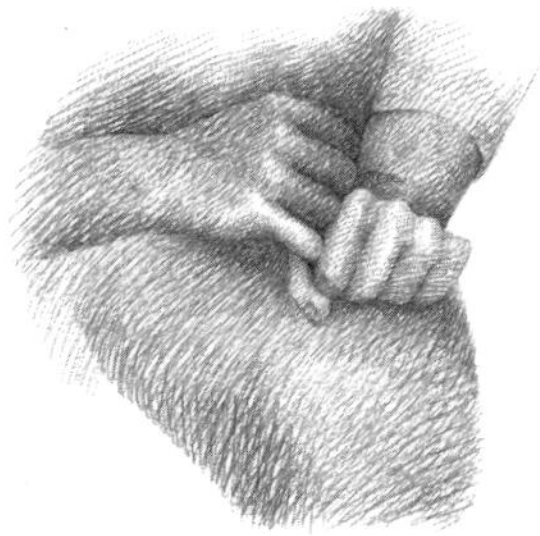

6 Huuuuu! – Bu – buu?	6 «Nicki» bewegt sich drehend im «Loch», dabei ruft er mutig ein lang gedehntes «Hu-huuu!» hinein. Das «Bu – buu?» auf einem etwas tieferen Ton fragend rufen. Am Schluss die Stimme nach oben führen. Das Rufen gedehnt sprechen, aber keinesfalls dramatisch, da die Kinder sonst Angst bekommen.
7 Huuuuu! – Bu – buu?	7 Die Rufe wiederholen, wie bei 6
8 stumm –	8 «Nicki» hält sich im Loch ganz still. Der Erzieher nimmt eine horchende Körperhaltung an.
9 Kriecht raus	9 Den kleinen Finger langsam wieder aus dem Tunnelloch herausziehen.
10 Haaaa!	10 Wenn «Nicki» wieder draußen ist, stellt er sich wieder senkrecht auf. Zuerst erleichtert auf ihn schauen, dabei hörbar ausatmen: Haaaa!

Ist wieder da!
Ist wieder da!

Kleinen Finger mit Schwung nach oben in Kopfhöhe führen, ein Weilchen so halten wie «seht her!» und zwei Mal hell rufen: Ist wieder da! Dabei den kleinen Finger zweimal nach vorne bewegen:

11 stumm

11 Die linke Faust umkippen und mit dem Handrücken auf den linken Oberschenkel legen. Finger leicht einklappen, Fingernägel zeigen nach oben.

12 Nicki ruft: «Ihr Brüder geht mal weg!»
• • • •

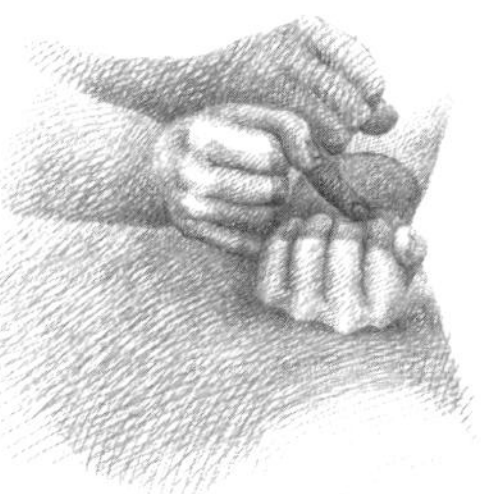

12 Mit der Fingerkuppe des rechten kleinen Fingers (Nicki) auf die Nägel der linken Finger (Brüder) im Sprachrhythmus (•) tupfen. Beim kleinen Finger der linken Hand beginnen.

13 Geht – weee – eg!

13 Dann den rechten kleinen Finger unter die eingeklappten Finger der linken Hand schieben und diese bei «weee – eg!» mit Anstrengung hochdrücken, bis die linke Hand ganz geöffnet ist und flach auf dem linken Oberschenkel liegt.

14 Macht: Kille – kille – keck!
• • •
Kille – kille – keck!
• • •

14 «Nicki» kitzelt im Sprachrhythmus die Handinnenfläche der linken Hand.

15 Dups! – springt weg!
• • •

15 «Nicki» tupft leicht in die Handmitte,(•) federt zurück und verharrt eine kleine Weile in der Luft. Dann verschwindet er, indem der Erzieher beide Hände gleichzeitig zur Faust geschlossen in den Schoß legt.

16 Weg!

16 Beide Fäuste hinter dem Rücken verschwinden lassen, dabei den Kindern hell klingend: «Weg!» zurufen.

Teil III
Spiele für die Hände im Wechsel mit den Fingern

Ulle – Wulle

Rhythmisch-musikalisches Handspiel mit Klangsilben

Ulle – wulle – ulle – wulle –
ulle – wulle: pack!

Ulle – wulle – ulle – wulle –
ulle – wulle: schnapp!
Sitzt im Sack!

Pin – pan – pin – pan – paus.
Springt raus!

Hurra! – Hurra!
Ist wieder da!

Pin – pan – pin – pan – peck.
Ist weg!

<u>Text</u>

1 Ulle – wulle – ulle – wulle –
r l r l
ulle – wulle: pack!
r l •

<u>Bewegungen</u>

1 Mit beiden Händen vor sich etwa auf Brusthöhe Fäuste bilden. Die Daumen liegen auf den Zeigefingern. Die Fäuste dreimal im Sprachrhythmus umeinander drehen. Die rechte Faust beginnt. Bei: «pack» packen sich beide Hände herzhaft und halten sich einen Moment fest.

2 Ulle – wulle – ulle – wulle –
r l r l
ulle – wulle: schnapp!
r li ↑

2 Siehe oben wie bei 1 dreimal die Fäuste umeinander drehen. Dann beide Fäuste öffnen und mit einem Schwung über außen wieder zueinander führen. Währenddessen die nach oben geschnellte rechte Hand (Innenfläche nach vorne zum Betrachter) mit dem Daumen nach unten stoßen. Die linke Hand kommt ihr entgegen und bei: «schnapp» umschließt sie den Daumen.

3 Sitzt im Sack!

⌈ ⌈ ⌈

3 Die linke Hand hält den rechten Daumen fest umschlossen. Mit den freien Fingern dreimal im Sprachrhythmus locker nach vorne wedeln. Die offene Handinnenfläche der rechten Hand schaut dabei zum Zuschauer.

4 Pin – pan – pin – pan – paus. Springt raus!
↑ ↓ ↑ ↓ ↑ ↓ ↗

4 Die linke Hand hält den rechten Daumen weiter fest. Bei dem Versuch, den Daumen herauszuziehen, wird die linke Hand bei: «pin» mit nach oben gezogen. Dann zieht die linke Hand den rechten Daumen bei: «pan» wieder herunter. Im Sprachrhythmus geht es dreimal auf und ab. Bei: «raus» lässt die linke Hand den Daumen los. Die rechte Faust mit herausgestrecktem Daumen im hohen Bogen nach oben führen.

5 Hurra! – hurra! Ist wieder da!
⇗ ⇖ ⇗ ⇖

5 Dort die Faust mit dem hochstehenden Daumen im Sprachrhythmus ⇗ ⇖ aus- und eindrehen. Das «a» bei «hurra» und «da» gedehnt sprechen.

6 Pin – pan – pin – pan – peck.

6 Die flachen Hände senkrecht von oben nach unten und von unten nach oben in Gegenrichtung wie «Topfdeckel» aneinander vorbeischlagen und wenn sie sich begegnen mit einem Klatschgeräusch berühren. Die rechte Hand geht zuerst hinunter.

7 Ist weg!

7 Eine kleine Pause machen und dann bei: «Ist» einen letzten schwungvollen Klatscher mit der linken Hand nach unten vollführen. Anschließend beide Hände langsam stumm im großen Bogen über außen nach hinten führen und bei: «weg» schnell hinterm Rücken verschwinden lassen.

Hinweis:
Die kleinen Kinder wiederholen das Spiel gern längere Zeit unverändert. Die Größeren bringen neue Ideen ein. Sie spielen es z.B. laut und leise, langsam und schnell oder sie drehen statt der Fäuste die Daumen oder die Finger der Reihe nach umeinander.

Die Hände machen

Rhythmisch-musikalisches Handspiel

Die Hände machen:
Tap – tap – tap – tap – tap --
Die Hände machen:
Klap – klap – klap – klap – klap --
Sie drehen – drehen – drehen –
stehen.
Neigen sich – zeigen sich.
Neigen sich – zeigen sich.
Winken – winken – winken –
winken – winken – winken –
sinken – sinken sacht herab.

Machen wieder:
Tap – tap – tap – tap – tap --
Klap – klap – klap – klap – klap --
Drehen – drehen – drehen –
stehen.
Neigen – zeigen.
Neigen – zeigen.
Winken – winken – winken –
winken – winken – winken –
sinken – sinken sacht herab.

Machen wieder:
Tap – tap – tap – tap – tap --
Klap – klap – klap – klap – klap --
Sie drehen – drehen – drehen –
stehen.
Neigen sich – zeigen sich.
Neigen sich – zeigen sich.
Winken – winken – winken –
winken – winken – winken –
sinken – sinken sacht herab.

Ruhen sich aus die zwei –
und das Spiel ist vorbei!

<u>Text</u>

1 Die Hände machen:

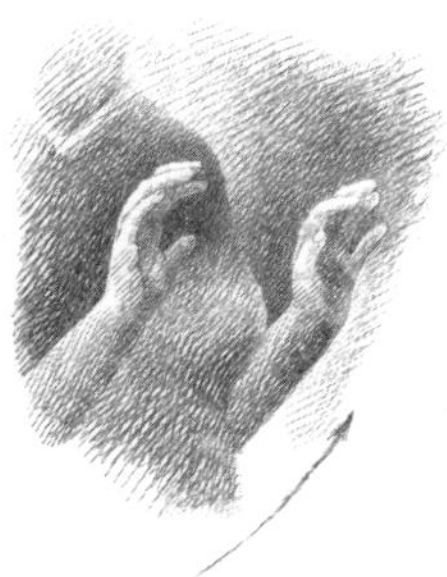

<u>Bewegungen</u>

1 Beide Hände gleichzeitig mit geöffneten Fingern in einem kleinen Bogen über oben nach vorne führen. Die offenen Hände dem Betrachter zeigen.

2 Tap – tap – tap – tap – tap –
r l r l r

2 Beide Hände wieder im kleinen Bogen zurückführen und mit den flachen Händen im Sprachrhythmus rechts und links abwechselnd auf die Oberschenkel patschen.

3 Die Hände machen:

3 Siehe oben bei 1

4 Klap – klap – klap – klap – klap –
• • • • •

4 Beide Hände wieder im Bogen zurückführen und vor sich leicht mit den Handinnenflächen im Sprachrhythmus gegeneinander klappen.

5 Sie dre – hen – dre – hen – dre – hen
O O O O O O
ein aus ein aus ein aus

5 Die senkrecht erhobenen Arme mit den offenen Händen im Sprachrhythmus bei «O» leicht ein- und ausdrehen.

6 stehen.

6 Die Hände herunter- und zusammenführen, sodass sie sich mit den Handinnenflächen gegenüberstehen. Die Finger sind locker nach oben gerichtet. Langsam und gedehnt sprechen. Eine Weile so halten.

7 Neigen sich – zeigen sich.
Neigen sich – zeigen sich.

7 Neigen: Die Hände im Handgelenk locker zueinander nach unten biegen. Zeigen: Die Hände wieder aufrichten und mit gespreizten Fingern nach vorne zum Betrachter wenden und zeigen. Den ganzen Vorgang zweimal wiederholen.

8 Winken – winken – winken –
↓↑ ↓↑ ↓↑
winken – winken – winken –
↓↑ ↓↑ ↓↑

8 Die offenen Hände gleichzeitig nach vorne im Sprachrhythmus bei «↓↑» im Handgelenk locker ab und auf bewegen. Nach dem dritten Winken kurz innehalten und dann noch dreimal das Winken wiederholen.

9 sinken – sinken sacht herab.

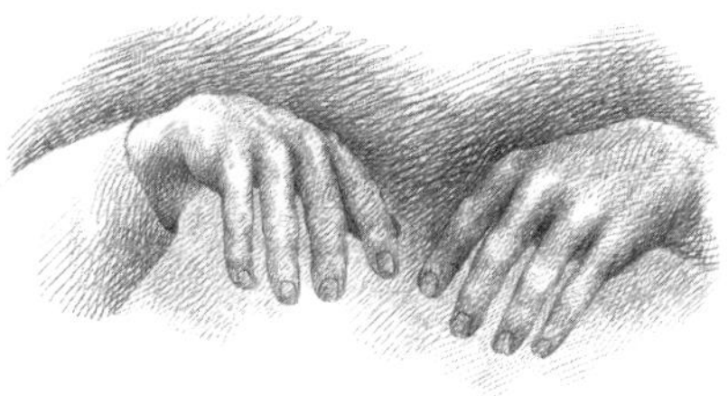

9 Beide Hände gleichzeitig mit den Innenflächen nach unten und lockeren Fingern wie zwei kleine Fallschirme im Zeitlupentempo herabsinken lassen. Bei «herab» die Hände auf die Oberschenkel auflegen. Ein Weilchen so bleiben.

10 Machen wieder:
Tap – tap – tap – tap – tap –
Klap – klap – klap – klap – klap –
Dre – hen – dre – hen – dre – hen –
stehen.
Neigen – zeigen.
Neigen – zeigen.
Winken – winken – winken –
winken – winken – winken –
Sinken – sinken sacht herab.
----

10 Beide Hände leicht anheben, dann der Reihe nach, ohne Zwischentexte, alle Bewegungen von 2 bis 9 wiederholen. Ausklingen lassen.

11 Machen wieder:
(stumm)

11 Beide Hände leicht anheben und dann wie oben von 2 bis 9 ein drittes Mal, jetzt aber stumm alle Bewegungen exakt im Rhythmus wiederholen. Kleine Pause.

Abschluss:

12 Ruhen sich aus, die Zwei. –

12 Nachdem die Hände bei «herab» aufgelegt worden sind, bei «aus» beide Hände im Schoß übereinander legen und ein Weilchen so ruhig sitzen.

13 Und das Spiel ist vorbei!
x x

13 Sich den Kindern lächelnd zuwenden, ruhig sprechen und dabei zweimal bestätigend nicken. Die Hände bleiben übereinander liegen.

Watsche – watsch!

Rhythmisch-musikalisches Handspiel

Watsch – watsch – watsch – watsch – watsche
– watsch!
Tatsch – tatsch – tatsch – tatsch – tatsche
– tatsch!
Ratsch – ratsch – ratsch – ratsch – ratsche
– ratsch!
Batsch – batsch – batsch – batsch – batsche
– batsch!
Fatsch – fatsch – fatsch – fatsch – fatsche
– fatschschsch – –
Sch – sch – sch – sch – sch – sch – –

Text	Handbewegungen
1 Watsch – watsch – watsch – watsch – r l r l watsche – watsch! r l	1 Mit den flachen Händen abwechselnd leicht auf die Oberschenkel «patschen»,jeweils zeitgleich mit dem Vokal «a». Nach dem Berühren jeweils die Hände luftig wieder heben. Der Oberkörper schaukelt dabei nach rechts und links leicht mit. Rechts beginnen.
2 Tatsch – tatsch – tatsch – tatsch – r l r l tatsche – tatsch! r l	2 Die Hände zu lockeren Fäusten mit herausgestreckten Zeigefingern bilden. Mit den Zeigefingerspitzen rechts und links abwechselnd in grossen Schritten von den Oberschenkeln bis etwa zum Schlüsselbein tupfen. Rechts beginnen.

3 Ratsch – ratsch – ratsch – ratsch –
↓↑ ↑↓ ↓↑ ↑↓
ratsche– ratsch!
↓↑ ↑↓

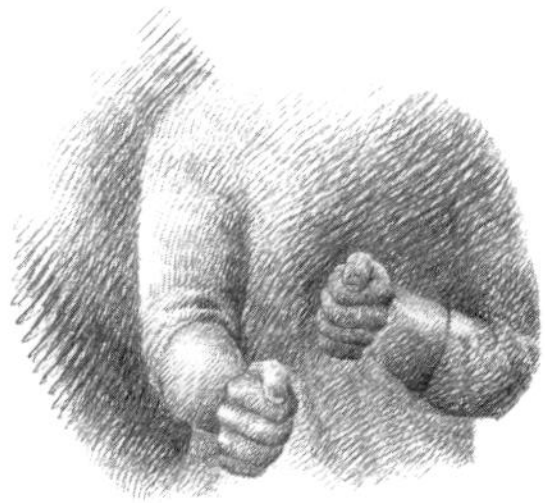

3 Mit beiden Händen Fäuste bilden. Der Daumen liegt oben auf den gebogenen Zeigefingern. Der Kleinfingerrand zeigt nach unten. Die Fäuste abwechselnd etwa auf Brusthöhe in Gegenrichtung vor- und zurückbewegen. Die Bewegungen sind leicht und locker. Nicht zu stark stoßen. Mit der rechten Hand nach vorne und der Linken nach hinten beginnen.

4 Batsch – batsch – batsch – batsch – batsche
X X X X X
batsche– batsch!
X X

4 Leicht und luftig mit kleinen Bögen über oben im Sprachrhythmus sechsmal in die Hände klatschen.

5 Fatsch – fatsch – fatsch – fatsch – fatsche –
O O O O O
ein aus ein aus ein

5 Beide Unterarme und Hände gleichzeitig senkrecht nach oben auf Kopfhöhe heben. Die Hände locker im Handgelenk ein- und ausdrehen. Mit Eindrehen beginnen, damit die Bewegung nahtlos in die nächste übergehen kann.

6 fatschschsch – –
O
aus

6 Mit der letzten Drehung die Hände mit einem Schwung nach oben strecken. Die Handinnenflächen nach außen wenden mit leicht gespreizten Fingern. Eine Weile so still halten und dabei das «sch» weiterklingen lassen.

7 Sch – sch – sch – sch – sch – sch –

7 Beide Hände gleichzeitig langsam und behutsam zum Mund hin bewegen. Dabei wird das die ganze Zeit klingende «sch» immer leiser. Wenn die Hände den Mund leicht bedecken, wird das «sch» unhörbar.

Hinweis:
Der gleiche Ablauf wird der Reihe nach mit den Vokalen: e – i – o – u wiederholt. Die Handbewegungen bleiben dieselben. Siehe oben bei 1 bis 7. Nach dem allerletzten Spielablauf nach dem Verklingen des «sch», die Hände langsam hinter den Rücken führen und abschließend, mit dem Kopf dazu nickend, lächelnd sprechen: «futsch». Im Sinne von «weg».

Widel-wudel

Rhythmisch-musikalisches Handspiel

Widel – wudel – widel – wudel.
Didel – dudel – didel – dudel.

Winke – winke – winke – winke.
Kinka – linke – kinka – linke.

Onke – onke – ponke – ponke.
Onke – onke: paaaaa!

Widel – wudel – widel – wudel.
Didel – dudel – didel – dudel.
Widel – wudel – waus – – und aus!

Und aus. – – –

Text	Bewegungen
1 Widel – wudel – widel – wudel. O O O O Didel – dudel – didel – dudel. O O O O	1 Beide Hände mit gestreckten Fingern gleichzeitig etwa auf Kopfhöhe hochheben und in der Sprachpulsation locker im Handgelenk ein- und ausdrehen. Beim Eindrehen zeigen die kleinen Finger zueinander, beim Ausdrehen zeigen die Daumen zueinander. Es beginnt mit dem Eindrehen.

Text	Bewegungen
2 Winke – winke – winke – winke. x x x x Kinka – linke – kinka – linke. x x x x	2 Mit offenen Händen im Sprachrhythmus bei x den Kindern freundlich zuwinken.

Hinweis:
Bei kleinen Kindern wird hier das Spiel abgeschlossen, indem man die Hände herunter auf die Oberschenkel legt, dann sich lächelnd zum Kind vorbeugt und gedehnt, fast singend spricht: «Aaaah!» oder «Eeii!»

3 Onke – onke – ponke – ponke.
• • • •
Onke – onke:
• •

3 Die Hände zu lockeren Fäusten machen, die eingerollten Finger sind nach unten gerichtet und die Daumen liegen auf den Zeigefingern. Die Fäuste gleichzeitig in der links angegebenen Sprachpulsation leicht und luftig auf die Oberschenkel aufpatschen und gleich zurückfedern.

4 paaaaa!
• ↑↑

4 Die Fäuste noch einmal auffedern und dann bis etwa zur Kopfhöhe hochschnellen lassen. Bei: «paaaaa» gedehnt rufen und dabei die Fäuste öffnen, die Finger spreizen und mit den Innenflächen nach vorn hochhalten.

5 Widel – wudel – widel – wudel.
O O O O
Didel – dudel – didel – dudel.
O O O O

5 Siehe oben bei 1.

6 Widel – wudel – waus –
O O →••←

6 Noch einmal ein- und ausdrehen, dann bei: «waus» noch auf Kopfhöhe mit beiden Händen Fäuste bilden. Die Daumen liegen locker auf den eingerollten Fingern. Die Fäuste mit Schwung herunterführen bis etwa auf Magenhöhe und dort in kleinem Abstand nebeneinander halten. Ein Weilchen so still halten.

7 und aus! –

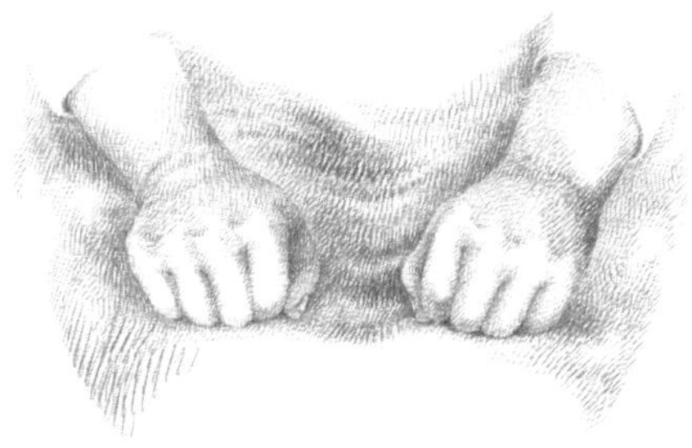

7 Bei: «und» die Fäuste mit den eingerollten Fingern nach unten drehen. Dann schnell die Fäuste bei: «aus» auf die Oberschenkel auflegen.

Hinweis:
Soll das Spiel wiederholt werden, dann wird nach 7 neu angefangen. Bei endgültigem Abschluss noch 8 anhängen.

8 (Abschluss): Und aus. – – –

8 Beide Fäuste langsam und ruhig über aussen zum Rücken führen. Dabei fast singend sprechen: «uuund». Bei: «aus» verschwinden die Fäuste hinter dem Rücken, und zwar langsam, weil das zur Ruhe führt. Den Kindern nickend zulächeln.

Weitere Bemerkungen

In diesem Spiel werden die Ur-Gebärden des kleinen Kindes aufgegriffen, die es schon in der Wiege vollzieht.
Da ist zuerst das Drehen der erhobenen Hände bei: «widel – wudel ...». Das ist beim Kleinkind die Äußerung von Freude und tanzender Bewegung, solange es noch nicht mit den Füßen tanzen kann. Das *Winken:* «winke – winke – kinka – linke» ist für das kleine Kind die Kontaktaufnahme zu einer anderen Person. Äußerungen von intensivem Engagement vollzieht das Kind mit *Auf- und Abschlagen der Fäuste,* hier in diesem Spiel bei: «onke – onke – ponke – ponke». *Das Erheben der Arme und gleichzeitiges Öffnen der Hände* wie bei «paaaa», bringt freudiges Selbstgefühl zum Ausdruck.

Das Bum und Batsch

Handspiel

Bum und Batsch und
Wum und Watsch und
Bab und Baaa und
Hier und da und
Trallalallalallala!
Und Huh und Muh –
Und Auf und Zu! – Ja!

Text	Bewegungen
1 Bum und 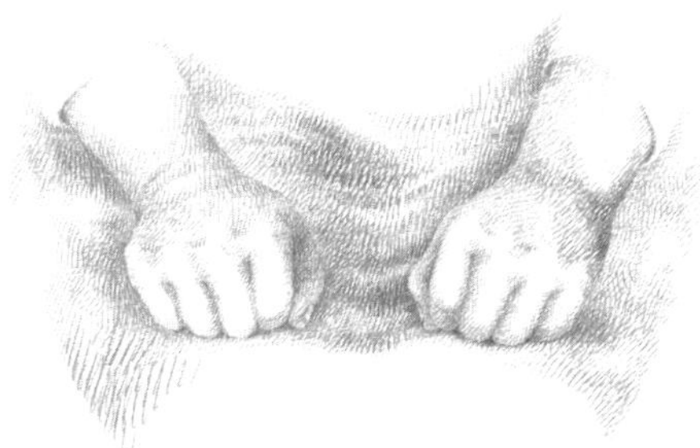	1 Mit beiden Fäusten (Daumen außen) leicht abfedernd auf die Oberschenkel klopfen.
2 Batsch und	2 Beide Hände leise und leicht federnd zusammenbatschen.
3 Wum und	3 Mit den flachen Händen (Fingerspitzen nach vorn) auf den Oberschenkeln schwungvoll vom Beinansatz bis zum Knie wischen.
4 Watsch und	4 Mit gleicher Handstellung wie bei 3 vom Knie wieder zurück zum Beinansatz wischen.
5 Bab und Baaa und	5 Die beiden senkrecht gehaltenen Fäuste mit den eingerollten Fingern federnd gegeneinander schlagen, die Daumen liegen auf den eingerollten Zeigefingern. Bei «und» die Fäuste auseinandernehmen.

Bei dem langgedehnten «Baaa» die Fäuste drehen, dabei die Hände ganz öffnen, die Finger spreizen, so dass die Innenfläche sichtbar wird. Die Hände ein Weilchen still halten.

6 Hier und

6 Mit den Fingerkuppen beider Hände auf Brustbeinhöhe auf den Oberkörper tippen.

7 Daaa und

7 Mit beiden Händen, die Innenflächen nach unten zeigend, weit nach vorn deuten, ohne sich dabei zu überstrecken.

8 Trallalallalallala! – und
O O O O

8 Die erhobenen Hände aus- und eindrehen.

9 Huh und

9 Die Hände als Schalltrichter neben den Mund halten, ohne ihn dabei zu berühren. Das «Huh» gedehnt, aber nicht zu laut rufen.

10 Muh und

10 Die Hände mit einigem Abstand vor dem Mund mit den Kleinfingerrändern zusammenlegen, dann in die hohlen Hände ein etwas dunkleres «Muh» hineinrufen.

11 Auf und

11 Die Arme weit öffnen, wie zu einer Umarmung.

12 Zu! –

12 Die Hände über der Brust zusammenlegen, die rechte Hand über die linke. Für Kinder ab etwa fünf Jahren kann man die Finger der rechten Hand unter der linken Achsel und die Finger der linken Hand unter der rechten Achsel verschwinden lassen.

13 – Ja! –

13 Die Hände im kleinen Bogen zu den Oberschenkeln herunter führen, mit dem Wörtchen «Ja» und bestätigendem Nicken die flachen Hände auf die Oberschenkel legen. Eine Weile so sitzen.

So lachen wir

Vokalspiel mit Gebärden

A – E – I – O – U
So lachen wir:
Ha – ha – ha – haa!
So lachen wir:
He – he – he – hee!
So lachen wir:
Hi – hi – hi – hii!
So lachen wir:
Ho – ho – ho – hoo!
So lachen wir:
Hu – hu – hu – huu!
So machen wir den Mund fest zuuu!

Text	Bewegungen
Das Lachen als Ruf gestalten!	
1 A – E – I – O – U	1 Die Kinder in betont aufrechter Haltung anschauen, dann geradeaus nach vorn schauend die Vokale der Reihe nach rufen. Sehr gut artikulieren und dabei ganz still sitzen.
2 So lachen wir: X X	2 Bei: «X» lebhaft und vergnügt in die Hände klatschen. Die Hände machen jeweils einen kleinen Kreis über oben nach außen. Der Erzieher blickt dabei in die Runde.

3 Ha – ha – ha – haa!

3 Beide Hände, mit den Handinnenflächen nach vorne zum Betrachter gewendet, rechts und links neben dem Kopf hochheben. Dazu sehr rhythmisch das «Ha – ha – ha – haa!» rufen. Das letzte «a» dehnen.

4 So lachen wir:
X X

4 Siehe oben bei 2.

5 He – he – he – hee!

5 Die Hände auf die Oberschenkel stützen, sich weit mit dem Oberkörper vorbeugen und auf «e» rhythmisch lachen.

6 So lachen wir:
X X

6 Siehe oben bei 2 und 4.

7 Hi – hi – hi – hii!

7 Mit beiden Händen Fäuste mit herausgestreckten Zeigefingern bilden. Die Daumen sind außen. Diese nun an die Wangen legen. Der Kleinfingerrand zeigt nach vorne zum Betrachter. In dieser Haltung rhythmisch auf «i» lachen. Das letzte «i» dehnen.

8 So lachen wir:
X X

8 Siehe oben bei 2, 4 und 6

9 Ho – ho – ho – hoo!

9 Beide Hände auf den Bauch legen und mit leicht zurückgebogenem Oberkörper betont rhythmisch mit «o» lachen. Das letzte «o» dehnen.

10 So lachen wir:
X X

10 Siehe oben bei 2, 4, 6 und 8.

11 Hu – hu – hu – huu!

11 Beide Hände wie einen Schalltrichter rechts und links an den Mund führen. Sich dabei etwas ducken und rhythmisch auf «u» rufen. Das letzte «u» gedehnt sprechen.

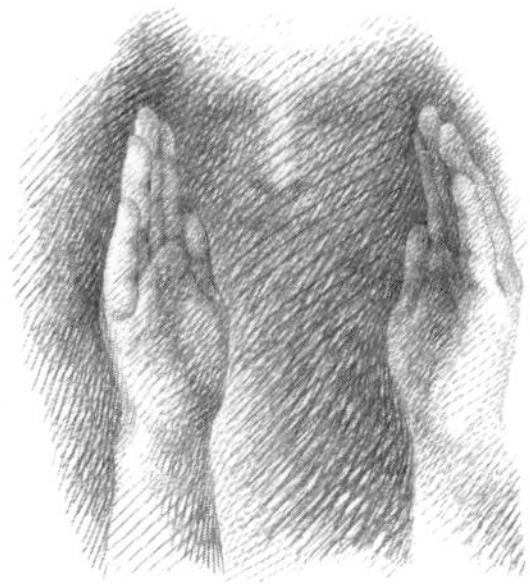

12 So machen wir den Mund

12 Die Hände etwas seitlich vom Mund wegnehmen und mit den Zeigefingerspitzen bei: «Mund» auf die Lippen tippen.

13 fest zuuu!

13 Die Hände seitlich des Mundes bereit halten und nach: «zuuu» mit den Fingern die Lippen zart zusammendrücken.

14 (Stumme Bewegung)

14 Die Hände stumm vom Mund wegnehmen. Dann den Kindern zunicken. Zuerst nach vorne, dann nach links und rechts und zum Schluss wieder nach vorne.

Die Bootsfahrt

Rhythmisches Erzählchen mit Handgesten

Seht, hier, diese vielen Leute,
machen eine Bootsfahrt heute!
Steigen ein:
Hauruck! – Hauruck!
So rudern sie auf's Meer hinaus.
Phffffffff! – Phffffffff!
Kommt ein Sturm mit Gebraus. --
Große Not - für das Boot!
Auf den riesenhohen Wellen
schaukelt's auf – und ab –
schwankt es hin – und her –
Kippt es um!
– – – –

Wo sind die Leute? – – –
Was ward daraus? – – –
Aus dem Wasser gucken zwei heraus!
Sie kippen: w – w – wwum – das Boot – um.
Hurra! – Hurra!
Die Leute sind alle noch da!
Hauruck! – Hauruck!
Sie rudern schnell ans Land zurück. --
Steigen aus:
und laufen, laufen – schnell nach Haus. --

Text	Handgesten
1 Seht, hier,	1 Beide Hände mit den Innenseiten nach vorne zum Betrachter hochheben. Die Finger sind hochgerichtet.
2 diese vielen Leute,	2 Alle Finger luftig und leicht bewegen (die Leute).
3 machen eine Bootsfahrt heute!	3 Beide Hände mit den Außenflächen auf den Oberschenkeln zusammenführen. Sie berühren sich mit dem Kleinfingerrand. Die Daumen dabei anlegen. Ein kleines Boot zeigen.

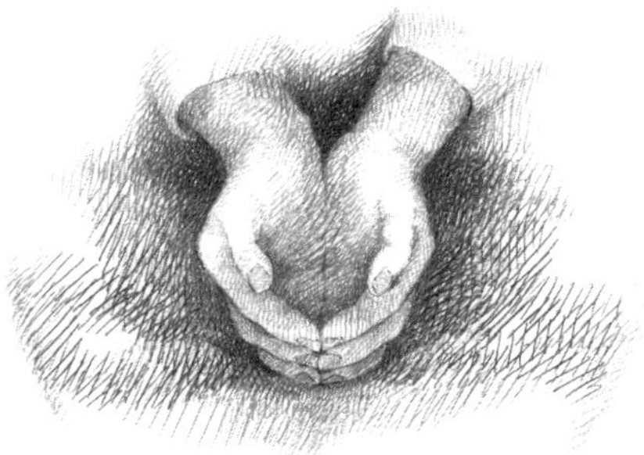

4 Steigen ein:

4 Die Hände mit den Innenflächen weiterhin nach oben gerichtet jetzt quer zum Körper drehen, bis sich die Spitzen der Mittelfinger berühren. Nun alle Finger der beiden Hände verschränkt bis zu den Fingerwurzeln ineinanderschieben und sie gerade aufrichten. Die Leute sitzen im Boot. Daumenspitzen berühren sich vorne.

5 Hauruck! – Hauruck!
↑ ↓ ↑ ↓

So rudern sie auf's Meer hinaus.
↑ ↓ ↑ ↓ ↑ ↓ ↑ ↓

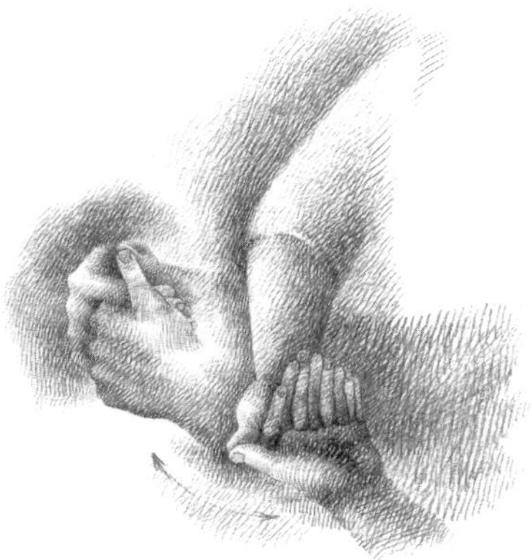

5 Die Hände mit den ineinander verschränkten und aufgerichteten Fingern (Boot mit den Leuten) nun im Sprachrhythmus nach vorn bewegen. Das Rudern wird mit sechs kleinen Vor- und Rückwärtsbewegungen (Hau = vor / ruck = zurück) angedeutet. Bei: «Ruck», also beim leichten Zurückbewegen der Hände, werden die Finger gleichzeitig zusammengeklappt. Nach dem letzten Mal ist man auf Kniehöhe angekommen. Sprach- und Bewegungsbetonung ist auf der gleichen Silbe. Diesen Satz sehr rhythmisch betont sprechen.

6 Phffffffff! – Phffffffff!
↑ ↓

6 Die Hände mit den ineinanderverschränkten Fingern (Boot mit den Leuten) in einem kleinen Bogen über oben nach vorne herunter- und dann wieder zurückführen.

7 Kommt ein Sturm – mit Gebraus. --
↑ ↓
Große Not – für das Boot!
↑ ↓

7 Dieselben Vor- und Rückbewegungen wie bei 6

8 Auf den riesenhohen Wellen
↑ ↓

8 Siehe oben wie bei 6, aber nun in einem höheren Bogen nach vorne herunterführen.

9 schaukelt's auf – und ab –
↑ ↓

9 Das «Boot» wieder im hohen Bogen nach vorne hinauf und zurückführen.

10 schwankt es hin – und her –
← →

10 Das «Boot» in einem hohen Bogen bei: «hin» nach links und bei: «her» nach rechts bewegen.

11 Kippt es um!

11 Die Hände mit den verschränkten Fingern umdrehen, sodass die Finger nach unten zeigen.

12 – – – –
← →
(stumm)

12 Die umgedrehten Hände stumm in einem Bogen nach links und wieder nach rechts bewegen.

13 Wo sind die Leute? - - -
←

13 Die Hände wieder in einem Bogen nach links bewegen.

14 Was ward daraus? - - -
→

14 Die Hände wieder im Bogen nach rechts bewegen.

15 Aus dem Wasser gucken zwei heraus!

15 Das umgekippte Boot in der Mitte vor sich halten. Die beiden Daumen lebhaft bewegen und bei: «zwei» hoch strecken. Das Boot bleibt umgekippt.

16 Sie kippen: w – w – wwum –

16 Die Daumen bei: «w» im Sprachrhythmus dreimal strecken, jedoch jedes Mal etwas höher, bis das Boot bei: «ww…» senkrecht steht. Der Kleinfingerrand zeigt nach unten, die Handknöchel nach vorne zum Betrachter. Das Boot einen Moment in der Schwebe halten und dann bei: «…um» wieder in seine alte Lage kippen. Die ineinanderverschränkten Finger sind wieder nach oben gerichtet.

das Boot – um.

17 Hurra! – Hurra!
Die Leute sind alle noch da!

17 Die Finger lebhaft bewegen und dabei die Hände (das Boot) wieder in Kniehöhe platzieren, damit genügend Raum für das Zurückrudern ist.

18 Hauruck! – Hauruck!
↑ ↓ ↑ ↓
Sie rudern schnell ans Land zurück.
↑ ↓ ↑ ↓ ↑ ↓ ↑ ↓

18 Das Rudern wieder im Rhythmus mit leichter Vor- und Rückbewegung und dem Zusammenschließen der Finger bei der Rückwärtsbewegung ausführen. Siehe oben bei 5. Aber jetzt Richtung Körper rudern. Das Boot landet, indem die ineinanderverschränkten Hände auf die Oberschenkel gelegt werden.

19 Steigen aus:

19 Die aufgerichteten Finger seitlich nach rechts und links auseinandernehmen.

20 und laufen, laufen –
Z M Z M
schnell nach Haus. –
Z M Z

20 Die Hände umdrehen. Die Handrücken zeigen nach oben. Dann mit den Zeige- und Mittelfingern beider Hände rhythmisch auf den Oberschenkeln rechts und links Richtung Körper «gehen» und die «Leute» hinter dem Rücken verschwinden lassen. Eventuell stumm die Schritte weitermachen, bis die Finger ganz hinter dem Rücken verschwunden sind.

Das Tampe-tempe I

(Wir sind froh)
Quintruf mit Handgesten

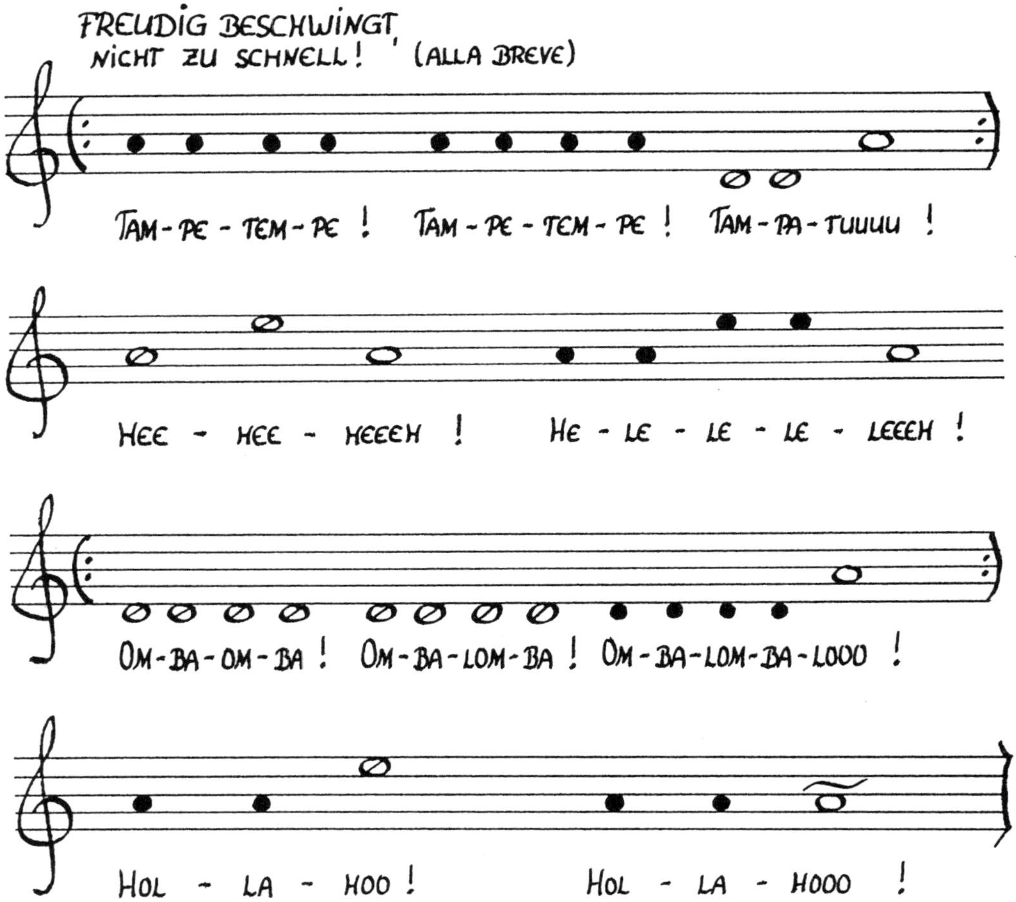

NOTATION: ∅ ≈ EINE PULSATION IN MITTLEREM TEMPO / ●● ≈ ∅ AUF EINE PULSATION ZWEI NOTEN / ○ ≈ ∅∅ / (: :) ≈ WIEDERHOLEN / ∼ ≈ LÄNGER KLINGEN LASSEN

Text und Gesang — Bewegungen

1 Tampe – tempe! Tampe – tempe!
\/\ \/\ \/\ \/\

1 Die Hände im Sprachrhythmus in Gegenrichtung von oben nach unten und von unten nach oben führen und beim Treffpunkt in der Mitte aneinander vorbeistreifen, sodass es einen leichten Klatscher gibt.

2 Tam – pa – tuuuu!

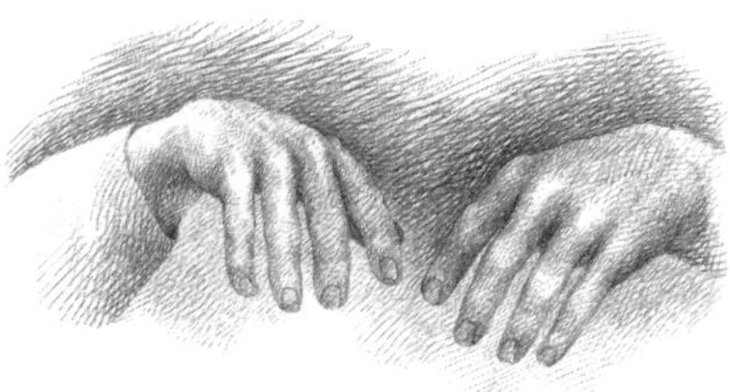

2 Mit beiden Handflächen gleichzeitig dreimal auf die Oberschenkel patschen. Anschließend an den dritten Patscher bei: «tuuuu» die locker herabhängenden Hände, dem gedehnten «uuuu» entsprechend, langsam nach oben führen, als würde man sie aus zähem Teig ziehen.

3 Tampe – tempe! Tampe – tempe!

3 Siehe oben bei 1.

4 Tam – pa – tuuuu!

4 Siehe oben bei 2.

5 Hee-hee-heeeh! He-le-le-le-leeeh!
O O O O O O O

5 Die Hände nach oben strecken und im Sprachrhythmus im Handgelenk lebhaft ein- und ausdrehen. Für die Umstellung auf die nächste Geste sich Zeit lassen.

6 Om-ba-om-ba! Om-ba-lom-ba!

• • • •

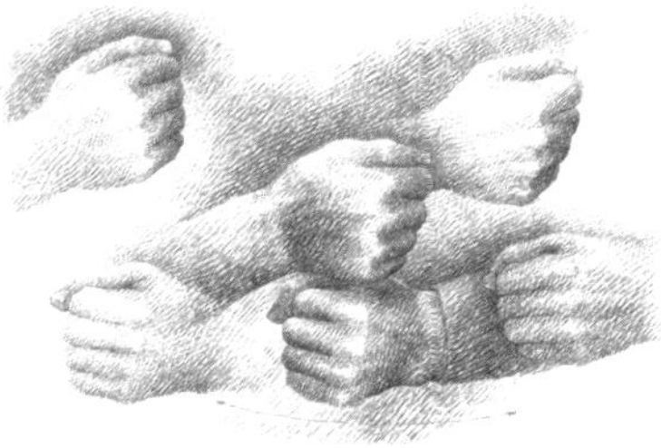

6 Mit beiden Händen Fäuste bilden. Die Daumen sind außen. Mit der rechten Faust, dem Sprachrhythmus entsprechend, jeweils bei «o» etwa auf Magenhöhe vor sich auf die linke Faust schlagen. Dabei die Fäuste leicht einmal hin- und einmal herschaukeln.

7 Om-ba-lom-ba- loooo!

• •

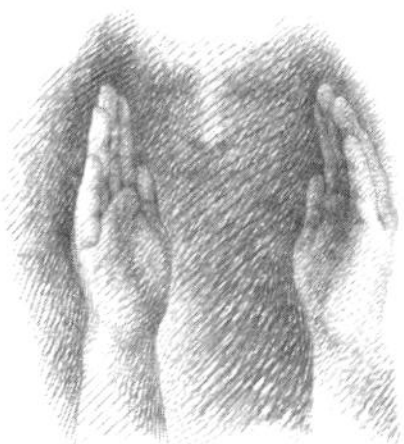

7 Noch zweimal mit der rechten Faust auf die Linke schlagen wie bei 6 und dann bei: «oooo» beide Hände als Trichter zum Mund nehmen und das gedehnte «oooo» singen.

8 Omba-omba! Omba-lomba! Omba-lomba-loooo!

8 Siehe oben bei 6 und 7

9 Hol-la-hooo-! Hol-la-hoooo!

O O OO O O OO

9 Beide Hände wie bei 5 über Kopfhöhe etwas schräg nach vorne hochhalten und lebhaft im Handgelenk locker ein- und ausdrehen.

10 (stumm)

10 Die Hände langsam von oben über außen nach unten führen und dabei stumm wie ein großes «O» in die Luft zeichnen. Unten angekommen die Hände im Schoß zusammenlegen und in dieser Haltung eine Weile noch ruhig sitzenbleiben.

Hinweis:
Dieses Spiel ist speziell für die jüngeren Kinder ab 3 Jahren geeeignet. Für die älteren Kinder ab 5 Jahren kann das Spiel «Tampetempe II» mit den Schellenstäbchen erweitert werden.

Das Tampe-tempe II

(Wir sind froh)
Quintruf mit Schellenstäbchen

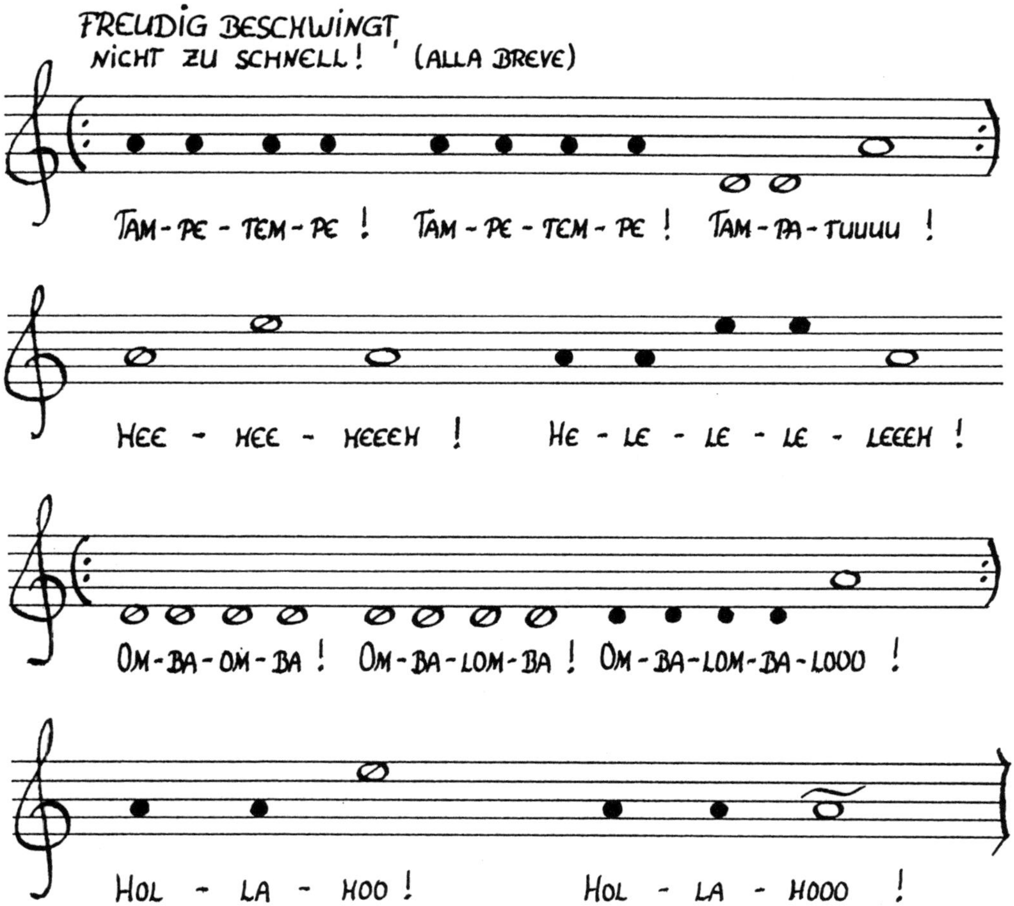

<u>NOTATION:</u> ∅ ≈ EINE PULSATION IN MITTLEREM TEMPO / ●● ≈ ∅ AUF EINE PULSATION ZWEI NOTEN / O ≈ ∅∅ / (: :) ≈ WIEDERHOLEN / ~ ≈ LÄNGER KLINGEN LASSEN

Text

Spielanweisung für die Handhabung des Schellenstabes

1 Tam-pe – tem-pe! Tam-pe – tem-pe!
x x x x

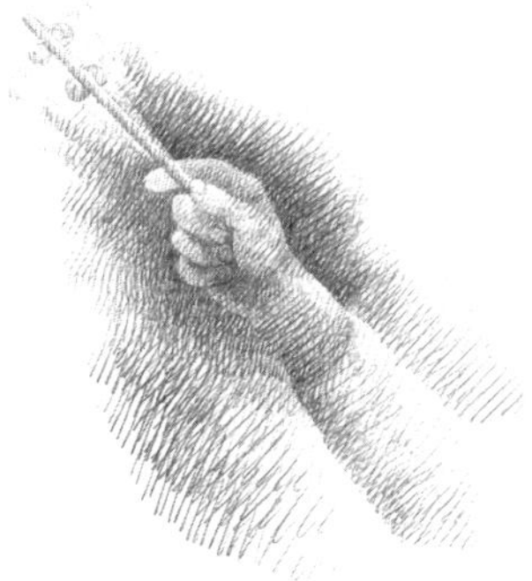

1 Das Schellenstäbchen in der rechten Hand auf Kopfhöhe hochhalten. Bei: «x» locker nach vorne in die Luft tupfen. Dabei im ganzen Arm locker bleiben.

2 Tam – pa – tuuuu!
x x x

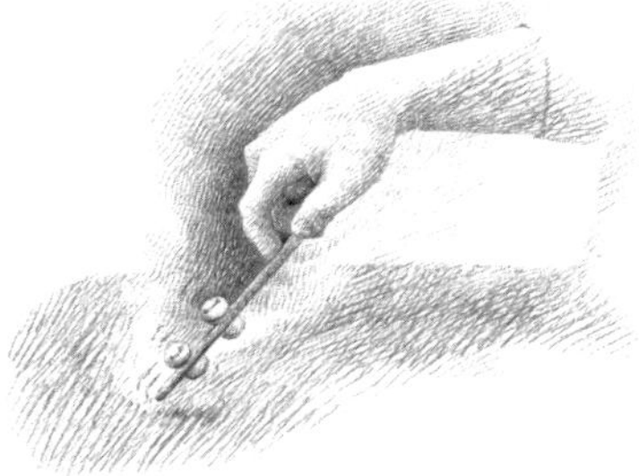

2 Das Schellenstäbchen im Sprachrhythmus dreimal leicht auf den rechten Oberschenkel aufschlagen. Nach dem dritten Mal das Schellenstäbchen locker nach unten hängen lassen. Dann langsam mit gedehntem «uuuu» in die Senkrechte führen. Wie aus einem Teig ziehen.

3 Tam-pe – tem-pe! Tam-pe – tem-pe!
Tam – pa – tuuuu!

3 Siehe oben wie bei 1 und 2. Die Bewegungen locker ausführen.

4 Hee-hee-heeeh! He-le-le-le-leeeh!
ΛΛΛΛΛΛΛΛΛΛΛΛΛΛΛΛΛΛΛΛ

4 Das Schellenstäbchen durchgehend schnell und luftig hin- und herschütteln. Immer auf Lockerheit achten. Für die Umstellung auf die neue Bewegung sich genug Zeit lassen.

5 Om-ba-om-ba! Om-ba-lom-ba!
• • • •
↶ ↷ ↶ ↷

5 Das Schellenstäbchen aufrecht im Rhythmus wie angegeben: • auf die linke Faust aufstellen und dann leicht abfedern. Der Kleinfingerrand der Faust zeigt nach unten. Der eingerollte Zeigefinger und

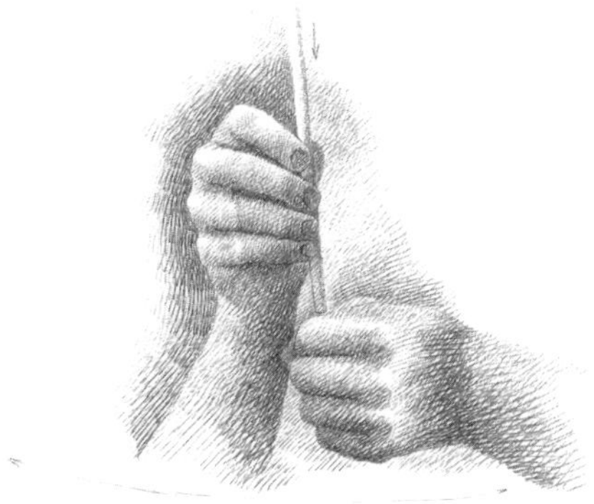

Daumen zeigen nach oben. Die linke Faust dabei leicht hin- und herschaukeln.

6 Om-ba-lom-ba-loooo!

6 Siehe oben wie bei 6. Bei: «loooo» den Schellenstab langsam nach dem letzten Aufsetzen senkrecht hochheben. Dabei gedehnt «oooo» rufen. Fast singend.

7 Om-ba-om-ba! Om-ba-lom-ba!

7 Siehe oben wie bei 6.

8 Om-ba-lom-ba-loooo!

8 Siehe oben wie bei 7.

9 Hol-la-hooo-! Hol-la-hoooo!

9 Den Schellenstab hochhalten und die ganze Zeit wie bei 5 locker hin- und herschütteln.

10 (stumm)

10 Zum Abschluss den Schellenstab an das Ohr führen und es mit der linken Hand umfassen, sodass es nicht mehr klingen kann. Horchen, bis die Kügelchen in den Schellen sich nicht mehr rühren und nicht mehr klingen. Dann den Schellenstab in den Schoss legen und mit beiden Händen zudecken.

Hinweis:
Das Tampe – Tempe mit Schellenstab ist durch das Einbeziehen des Handspielgerätes erst ab 5 Jahren geeignet. Sind jüngere Kinder in der Gruppe, dürfen sie selbstverständlich so mitmachen, wie es ihnen möglich ist und ohne dass man sie korrigiert. Generell soll nicht korrigiert werden, sondern man lässt die Kinder durch häufiges Wiederholen sich einspielen. Bastelanleitung für den Schellenstab siehe Seite 94.

Mock und Pock

Aaa – jip!
Aaa – jip!
Aaa – jip!

Huppa – hoh!
Huppa – hoh!
Huppa – hoh!

Mimme – mock!
Mimme – mock!

Mock – mock –
und pock!

Text	Gebärden
1 Aaa –	1 Der Erzieher sitzt auf einem Hocker oder auf einem Stuhl. Mit wohlklingender Stimme spricht er das langgedehnte «Aaa», gleichzeitig dazu erhebt er seine Arme mit bis in die Fingerspitzen gestreckten Händen schräg nach oben, bis die Ellenbogen gestreckt sind. Unbedingt darauf achten, dass die Arme nicht überstreckt sind. Die Handinnenflächen sind in dieser schrägen Haltung zur Körperseite hin gewendet.
2 jip!	2 Diese Silbe unbedingt mit «Jot» anlauten lassen, also nicht mit englischer Aussprache! Der Erzieher holt seine Hände flink vor die Brust und klopft mit einem kleinen, elastischen Tupfer die Fingernägel aller Finger (mit Ausnahme des Daumens) aneinander. Das Geräusch der aneinanderschlagenden Nägel muss mit dem Vokal «i» zusammengehen. Für das folgende «p» die Hände mit den noch gebogenen Fingern in einem kleinen Kreis über oben nach außen führen, es ist fast wie ein leichtes Zu-

rückprallen nach dem «Zusammenstoß». Danach die Arme gleich wieder für das nächste «Aaa» seitlich nach oben führen. Den Ablauf noch zweimal wiederholen. Den Stimmklang bei den Wiederholungen variieren.

3 Huppa –	3 Der Erzieher patscht leicht mit den flachen Händen jeweils beim «u» und beim «a» von «Huppa» auf seine Oberschenkel.
4 Hoh!	4 Für das «Hoh» die Arme und die bis in die Fingerspitzen gestreckten Hände schnell wieder bis zur Streckung senkrecht nach oben führen. Dieses Mal sind die Handinnenflächen zum Betrachter gewendet. Der Blick des Erziehers fol gt den Händen nach oben, in dem er den Kopf leicht nach hinten neigt. Das «Huppa – hoh!» noch zweimal wiederholen, mit variiertem Stimmklang.
5 Mimme –	5 Die Hände flink auf Brusthöhe herunter holen und jeweils beim «i» und beim «e» von «Mimme» mit den Fingerspitzen auf Schlüsselbeinhöhe auf den Körper tupfen.
6 mock!	6 Jetzt die Arme mit bis in die Fingerspitzen gestreckten Händen und zum Boden gerichteten Handinnenflächen parallel nach vorne in Richtung Betrachter stoßen. Punkt 5 und 6 einmal wiederholen. Nach der Wiederholung die Arme und Hände in der waagerecht ausgestreckten Haltung lassen und bei:
7 mock – mock	7 «mock – mock» jeweils beim «m» in den Ellenbogen kurz nachgeben, um dann jeweils auf das «o» erneut nach vorn stoßen. Nach dem zweiten «mock» eine Pause einhalten, die Arme in der gestreckten Stellung lassen und die Kinder fröhlich und erwartungsvoll anschauen.

8 und

9 pock!

8 In der gestreckten Armhaltung auf das Wörtchen «und» in die flachen Hände patschen.

9 Die Unterarme schnell kreuzen und die Hände unter den Achseln verschwinden lassen. Für Kinder unter vier Jahren lässt man die Hände bei «pock!» hinter dem Rücken verschwinden.

Nachwort

Die Wirkungen der Sprache

1988-1992 hat Manfred Heinemann aus Mainz mit einer neuen Untersuchungsmethode bei 25% der untersuchten 3-4jährigen Kinder Sprachentwicklungsstörungen feststellen müssen. 10 Jahre zuvor waren es erst 4% gewesen, was eine Zunahme von über 20% bedeutet. Im selben Zeitraum wurde die Zahl derjenigen, welche in USA – trotz absolvierter Schulpflicht – das Lesen und Schreiben nicht gelernt oder verlernt hatten, auf 70 Millionen geschätzt – nahezu ein Drittel der Bevölkerung.[7] Immer mehr Kinder kommen wegen ihres Umfeldes in die Situation nicht nur die Schriftsprache, sondern auch das gesprochene Wort nur ungenügend zu entwickeln. Weitere Untersuchungen und internationale Kongresse von Logopäden bestätigen die traurige Bilanz, dass heute jedes dritte oder vierte Kind im Vorschulalter, unabhängig von bestimmten sozialen Schichten oder dem Bildungsniveau, an Sprachverzögerungen oder -störungen leidet und durchschnittlich in Deutschland nur noch zwischen 8-10 Minuten täglich echter Gesprächsaustausch zwischen Eltern und Kind stattfindet. Da diese Störungen sich auf die gesamte motorische und sensorische Entwicklung des Kindes auswirken, sind diese, trotz therapeutischer Behandlung, noch längere Zeit über die Kindheit hinaus feststellbar. Das Verstummen der Familien im Alltag und vor dem Fernseher lässt auch die Kinder verstummen, dafür aber umso mehr bei Auseinandersetzungen die Fäuste gebrauchen.
Was man durch die Erfahrungen mit Gehörlosgeborenen weiss, dass sie durch das Unvermögen ihre Umgebung, Eltern und Geschwister zu hören, der Gefahr ausgesetzt sind, in ihrem Sprachvermögen schwer retardiert zu bleiben, wenn nicht sehr früh Gegenmaßnahmen getroffen werden, ist auch auf die oben erwähnten traurigen Erscheinungen zu übertragen.
Mangelnde Sprachbeherrschung ist eine der furchtbarsten Katastrophen für ein menschliches Wesen, denn nur mittels der Sprache können wir uns das Menschsein und die menschliche Kultur wirklich aneignen, frei mit unseren Mitmenschen kommunizieren. Sind wir dazu nicht in der Lage, so sind wir – ungeachtet unserer Wünsche, Ziele und angeborenen Fähigkeiten – auf bizarre Weise verkrüppelt und abgeschnitten; ja wir können unsere intellektuellen und geistigen Fähigkeiten möglicherweise nur in so geringem Maße umsetzen, dass wir den Eindruck Geistigbehinderter machen. Sprache ist ein Teil des Denkens. Der verzögerte und eingeschränkte Spracherwerb beeinträchtigt auch die emotionale Entwicklung, da die Sprache vor allem im Vorschulalter einen stark gefühlsmässigen Charakter hat. An der Sprache entwickeln sich weitgehend die Kräfte des Gemüts und bilden sich der Verstand und die Vernunft. Wünsche, Vorstellungen und Gefühle können oft nur unzureichend artikuliert werden und erfahren dadurch keine Verinnerlichung.
David Grossman, ehemaliger Militärpsychologe und Betreuer von Angehörigen und Tatzeugen der die Weltöffentlichkeit aufschreckenden Schiessereien und Morde an Schulen in Jonesboro 1998 hat eindrücklich

nachgewiesen[9], dass die Kinder durch die Gewaltszenen in Videospielen und Fernsehfilmen denselben Mitteln und Methoden ausgesetzt sind, die das Militär zur Desensibilisierung von Soldaten, also zum Abbau menschlicher Hemmschwellen vor dem Töten, anwendet. Je grösser und differenzierter das Sprachvermögen und die Kommunikationsfähigkeit entwickelt werden konnte, desto geringer ist die Gefahr mangels Ausdrucksmöglichkeit Gewalt anzuwenden.

Der Hörende ist zugleich Tänzer

Rudolf Steiner hat 1924[10] als erster darauf hingewiesen, dass vor dem Mund eines Sprechers unsichtbare Luftformen, je nach Laut verschieden, entstehen. Die Lehrerin Johanna Zinke ist dieser Anregung in jahrzehntelanger Forschung nachgegangen und konnte diese Formen sichtbar machen.[11] Hochgeschwindigkeitskameras ermöglichen Bilder dieser Luftlautformen und zeigen, dass die Sprache zuerst ein formschaffender Bewegungsprozess ist. Parallel dazu entdeckte die Kinesikforschung, dass gleichzeitig mit dem Sprechen der gesamte Körper feinste Bewegungen ausführt, welche auch mit Hochgeschwindigkeitskameras festzuhalten sind. Die verblüffendste Entdeckung war, dass der Hörer seinerseits, mit nur einer minimalen Verzögerung von 40 bis 50 Millisekunden mit denselben feinen Bewegungen darauf reagiert. Der Entdecker Condon beschreibt diese Synchronizität von Sprech- und Hörbewegungen mit den Worten: «Bildlich gesehen ist es, als ob der ganze Körper des Hörers in präziser und fliessender Begleitung zur gesprochenen Sprache tanzte.»[12]

Hier ist die Sprache reine Bewegung, die unbewusst auch den Willen des anderen aktiviert und wiederum in den Muskeln einen rein körperlichen Gestaltungsprozess auslöst. *Der Sprechende und der Hörer bewegen sich singend, sprechend und tanzend gemeinsam in diesem Gestaltungsstrom!*

Je nach Art und Weise, wie gesprochen wird, langsam oder schnell, rhythmisch und melodiös, vokalisch usw., bewirken die daraus sich formenden Bewegungen auch entsprechende Regungen im Innern und bewegen das Gefühlsleben. In einer dritten Stufe erreicht die Sprache die Bewegung des Nerven-Sinnes-Pols des Kopfes, wo sie sich abermals verwandelt, diesmal in eine geistige Bewegung, die als Begriff oder Vorstellung ins wache Bewusstsein tritt.

Noch tiefergehend ist die Wirkung, wenn nicht nur vom fantasievollen Sprachbild, sondern vom reinen Lautbildeprozess, also nur von Klangsilben oder -wörtern ausgegangen wird. Das Spiel «Tam und Tim» ist dazu ein herausragendes Beispiel. Das wird noch verstärkt durch die begleitenden Gesten, die den Lauten, dem Rhythmus der Sprache stimmig entsprechen. Dadurch, könnte man sagen, verdoppelt sich die Wirkung des Prozessualen. Und jetzt sind die Kinder auch in ihrem Nachahmebedürfnis angesprochen, was an der Aufmerksamkeit, dem Staunen und der Freude deutlich abzulesen ist. Die Augen beginnen zu leuchten, die Gesichter überzieht ein heiteres, beglücktes Lächeln und die Finger beginnen selbstvergessen «mitzutanzen». Eigentlich müsste man nicht von Nachahmung, sondern von Mitahmung sprechen. Rudolf Steiner nannte das: «leibliche Religiosität des kleinen Kindes».[14]

Die Spiele im Tagesgeschehen

In den zahlreichen Kursen zu den Handgestenspielen, welche ich die Gelegenheit hatte zu geben, war den Teilnehmerinnen und Teilnehmern eine Frage immer besonders zentral: Wann und wie oft und bei welchen Gelegenheiten sind die Spiele im Alltag einzubauen? Sollen sie mit einzelnen Kindern oder mit der ganzen Gruppe gespielt werden?

Die Möglichkeiten sind, je nach der gewohnten Tagesstruktur, dem Alter einzelner Kinder oder Gruppenkonstellation sehr vielfältig und anpassungsfähig. Ganz allgemein ist zunächst folgendes zu beachten: Die Nachahmungsfähigkeit berücksichtigend und unterstützend, wird das Spielangebot nie vorher den Kindern angekündigt und auch nicht korrigiert, kommentiert oder gar abgefragt, das heisst die Handlung wird als solche nicht bewusst gemacht. Das Spielangebot wird so selbstverständlich seinen Platz, seine Zeit bekommen wie andere alltägliche, rhythmisch sich wiederholende Tätigkeiten auch, zum Beispiel die Teezubereitung, die Blumenpflege usw. Günstig ist es, die Spiele im Kindergarten als künstlerische Tätigkeit zum selben Zeitpunkt wie sonst auch das Bienenwachskneten, das Malen usw. anzubieten. So erhält jeder Tag in der Woche eine besondere Qualität, einen bestimmten Farbklang. Wichtig ist dann nur, dass die Reihenfolge einbehalten wird.

Ich habe mit folgendem Ablauf gute Erfahrungen gemacht: Zum gewohnten Zeitpunkt, wenn die Kinder schon mindestens gegen eine Stunde frei gespielt haben und der «Hunger» nach einer kleinen Anregung, sprich künstlerischer «Nahrung» entsteht, richte ich mir mitten im Spielgeschehen einen Platz ein, wo die Kinder auch gut dazu kommen können und beginne auf der Kinderharfe[15] wiederholend ein Quintenstimmungslied[16] – meist aus dem aktuellen Reigen – zu spielen. Nach und nach gesellen sich die Kinder dazu. Je nachdem wie vertieft sie sich im Spiel befinden, kann es bis zu fünf Minuten dauern bis alle da sind. Die Kinder brauchen etwas Zeit, die angebotene Tätigkeit selber zu bemerken und wahrnehmen zu wollen. Eine längere Wartezeit ist jedoch nicht zu empfehlen, um die Geduld der schon anwesenden Kinder nicht zu lange zu strapazieren. Dann singe ich das Lied, wobei die Kinder natürlich je nach Neigung auch mitsingen, lege die Harfe zur Seite und das Handgestenspiel fängt an. Mein Blick ist vorwiegend auf mein eigenes Tun gerichtet, das hilft den Kindern, ihre Konzentration auch auf meine Hände zu lenken. Die Kinder habe ich jedoch gut im Bewusstsein, das heisst, dass ich mit ihnen «tanze und spiele». Ich spiele höchstens zwei verschiedene Spiele hintereinander. Das Wiederholen einzelner Spiele ist immer gut. Denn, wie heisst es so schön: Einmal ist keinmal. Dabei kann das Spiel vielleicht, je nach der momentanen Befindlichkeit der Kinder, einmal bewegter und das zweite Mal ruhiger und langsamer gespielt werden. Danach erfolgt wieder eine Quintmelodie auf der Kinderharfe, um das Nachlauschen zu aktivieren. Abschliessend wickle ich die Harfe mit den folgenden Worten in ein Tuch: «Danke, liebe Harfe, für die schönen Töne. Für heute decken wir dich zu und gehen wieder arbeiten und spielen in guter Ruh». Die Übergänge wollen ja immer gut gegriffen sein und das geht am besten durch Tätigkeiten und nicht mit erklärenden Worten. So kann das Kind «weiter träumen». Es kommt manchmal vor, dass ein oder zwei Kinder so in ihrem Spiel versunken sind, dass sie weiterspielen. Man lasse sie ruhig gewähren. Ja manchmal ist es gerade das Kind in seinem Spielhaus, welches am intensivsten mithört, wenn es leise wird und das Handgestenspiel beginnt.

Findet das Spielangebot nur ein Mal in der Woche statt, wird man es natürlich über viele Wochen und Monate wiederholen können. Bei den jüngeren Kindern im Alter von zwei bis fünf Jahren ist das Bedürfnis nach Wiederholung noch ausgeprägter und es dauert Monate, bis nachahmend die feinen Fingerbewegungen ganz nachvollzogen werden können. Und dann macht es erst richtig Spass! Da die Kinder auch mit ihrem Verhalten keinen Wunsch nach Abwechslung signalisierten, haben wir auf Grund dieser Erfahrung in der Spielgruppe mit den Kleinen beinahe fünf Jahre lang – mit wechselnder Gruppenbesetzung natürlich – jede Woche das Spiel «Ulle wulle» gespielt. Es ist uns dabei nie langweilig geworden. Was für eine Vertiefungschance auch für den Handgestenspieler!

Sehr gerne verwende ich die Spiele auch während des Erzählteiles zum Ende des Kindergartenmorgens. Zum Anfang des Schuljahres oder wenn zum Beispiel durch viele «Zahnwechselkinder» oder anderes die Gruppe in Umbruchstimmung ist, wirken speziell die sogenannten «Liebkoschenspiele»[17] sozialisierend und harmonisierend. Die jüngeren Kinder, welche noch nicht lange konzentriert zuhören oder ein Märchenpuppenspiel verfolgen können, lieben die Handgestenspiele als kleine bewegte Geschichtchen. Dazu eignen sich sowohl die Spiele aus diesem Band, wie auch solche aus dem Bereich der erzählenden Hand mit jahreszeitenbezogenen Spielen oder solchen von Pflanzen und Tieren.[18]

Es hat sich als vorteilhaft erwiesen, wenn die Kinder während dem Handgestenspiel auf Hocker oder Stühlchen sitzen können. Die Bewegungsfreiheit ist dann grösser und gleichzeitig haben sie einen Halt. Bei den Spielgruppenkindern wende ich jeweils zum Abschluss ein Spiel und eines vor dem Verteilen des Essens an. Hatten die Hände und Finger die Gelegenheit, sich kurz zu bewegen und zu spielen, können sie auch wieder «ruhig sitzen», um vor dem Tischspruch das Verteilen des Essens abzuwarten. Mit einem kleinen Spiel kann in die Ruhe geführt werden, ohne dass man «abstrakt» mit Worten das Ruhigsein ermahnen muss, was ja meist doch nicht zum gewünschten Ziel führt. Außerdem sind die Spiele auch ideale Trösterchen, wenn zum Beispiel ein Kind hingefallen und traurig ist. Das Spiel «Pitz und Potz» hilft bestens, Streit zu schlichten, und mit dem Spiel «Pöm und Pam, die wandern, wandern…» geht es auf dem Spaziergang ganz bestimmt wieder munter weiter.

Rhythmisch-musikalische Handgestenspiele – ein Impuls für die Zukunft

Hunderte von Teilnehmerinnen und Teilnehmern meiner Kurse über die Ellersiekschen Spiele in den vergangenen Jahren bestätigen die positive und oft auch therapeutische Wirkung der Spiele auf ihre Kinder, ob im Elternhaus, in Spielgruppe oder Kindergarten, ebenso bei Schulkindern wie in heilpädagogischen und therapeutischen Einrichtungen und zwar unabhängig vom Alter. Aber vor allem bestätigt es sich für mich durch meine mittlerweile 20jährige Berufserfahrung im Kindergarten an den bis 7 1/2 jährigen Kindern und – nicht zu verschweigen – an mir selbst. Die

Spiele waren mir in all den Jahren Wegweiser, Aufwecker, Momente der Erfrischung und Freude, auch des Übens und Vertiefens auf verschiedenen Ebenen, und sie haben mir unzählige schöne und fruchtbare Begegnungen mit kleinen und großen Menschen ermöglicht. Was durch das stetige Üben an den Spielen entwickelt wird, strahlt mit der Zeit auch über die wenigen Minuten Handgestenspiel hinaus und hat seinen positiven Einfluss auf das gesamte pädagogische Wirken.

Die Attacken, welchen die Kindheitskräfte heute verstärkt ausgesetzt sind, waren auch schon der Grund, weshalb die Spiele vor rund 30 Jahren von Frau Ellersiek entwickelt wurden. Angesichts der zunehmenden gesundheitsschädigenden Einwirkungen auf die Kinder und der Nöte durch die einsetzenden Frühlernprogramme hat sie als einen Gegenpol ihre Spiele, zunächst für Mutter-Kind-Gruppen, an der Musikhochschule gestaltet. Frau Ellersiek war dort als Professorin und Dozentin für Schauspiel, Rhythmik- und Sprecherziehung tätig. Sozusagen auf dem Höhepunkt ihrer beruflichen Tätigkeit wendete sie sich mit all ihren Fähigkeiten und vollem Engagement dieser Aufgabe zu. Ihre Freundin Frau Klara Hattermann stand ihr mit der Erfahrung als Waldorfkindergartenerzieherin zur Seite und verhalf den Spielen zur weltweiten Verbreitung. Die vergangenen 30 Jahre Arbeit mit den Spielen bestätigen zunehmend die Aktualität und heilsame Wirkung derselben und das brennende Bedürfnis nach solchen Erziehungshilfen.

Mögen die Spiele auch Ihnen, liebe Leserin und lieber Leser, viel Freude bringen und Schöpferkräfte entfalten.

Jacqueline Walter

Lebendiges Wasser und Lebensbrot

Wer selbst nicht die Schwelle hat überschritten
der weiß nicht was Kinder leiden und litten
an der Welt, die das Staunen nicht mehr kennt,
die nur die Namen der Dinge nennt
und die Ur-Gebärden nicht gewahrt,
durch die sich Schöpfergeist offenbart.

Er kann nicht erkennen der Kinder Not,
denen man Steine gibt, statt Brot,
deren dürstende Seelen man nicht tränkt,
deren Geisteswesen zutiefst man kränkt.

Es bedarf darum einer Menschenschar,
die das Geheimnis sich macht offenbar!
Ich rufe es den Menschen zu:
«Strebt unermüdlich, gebt nicht Ruh» –
arbeitet – ringet um Ohren und Augen,
die den schaffenden Geist zu erkennen taugen.
Die Liebe-Kraft wird eure Schritte lenken,
die Wahrheit zu finden – und zu schenken:

Lebendiges Wasser und Lebensbrot!

Bringt es den Kindern, lindert die Not.
Es ist unser Auftrag, wir dürfen nicht ruh´n,
den Kindern diesen Dienst zu tun.

Wilma Ellersiek

Anhang

Berichte aus der Praxis

Aus Kindergarten und Spielgruppe

Die Spiele aus dem Bereich «Wir spielen mit Fingern- Fäusten und Händen», zum Beispiel «Ulle-wulle», lieben die Kinder und erwarten sie unermüdlich, d.h. sie wollen sie immer wieder und sie lachen und sie freuen sich mit leuchtenden Augen an der Bewegung und dem damit verbundenen Sprechen. Sie wollen sie auch zu Hause (vor allem jetzt bei den 3-Jährigen in der Spielgruppe zu beobachten). Die Spiele lassen die traurigen, scheuen, introvertierten Kinder sich öffnen, Freude zeigen und nachahmend mittun und geben auf der anderen Seite den überaktiven, chaotischen Kindern Halt und Konzentriertheit und Ruhemomente, Sammlung.

J.W., Rheinfelden, Schweiz

Aus dem Elternhaus

Unsere beiden Bübchen (knapp zwei und vier Jahre alt) saßen nach einer heftigen Zankerei schluchzend auf ihren Betten. Wie sollte ich die Situation humorvoll entschärfen? Da kamen mir Pitz und Potz zu Hilfe. Ich ließ sie tüchtig miteinander rangeln, und, siehe da, bei «Wops! Sie sitzen auf dem Pops.» verstummte auch der letzte Schluchzer. Am Ende des Spiels angelangt, rief Max, der Jüngere, begeistert: «Mommal» (was soviel wie «noch mal» bedeutet), und aller Streit war vergessen. Für mich war es eine echte Sternstunde im Mutteralltag. *B.W.*

Von einem Kursleitertreffen

Etwa 35 Menschen nahmen an dem «Kursleitertreffen» teil, gut 2/3 ohne Kenntnis der Rhythmisch-musikalischen Handgesten-Sprechspiele. Am Abend haben wir uns die vorgesehenen Spiele erarbeitet und vor allem darauf geschaut, was sie in uns bewirken. Wir kamen auf: «Konzentration», «Ruhe», «Ichhaftigkeit» und «Übungsweg» für uns Erwachsene! Am Morgen hatten wir zwei Gesprächseinheiten und dazwischen eine Stunde für die praktische Arbeit an den Handgestenspielen. Dieses Mal also eingebettet in zwei Kinderbeschreibungen. Durch die Nacht hindurchgetragen und die jetzt konkrete Situation mit den zwei hyperaktiven Kindern (Bericht) ging das Erleben noch mal eine Stufe tiefer, und es entstand immer wieder eine große Dichte, und in einem solchen Moment wurde ausgesprochen, dass die Spiele wie ein Gefäß wirken, in das das Geistige einströmen kann …

I.M., Hannover

Aus der Arztpraxis

Heute hatte ich wieder ein schönes Erlebnis mit einem «Liebkoschen» (rhythmisches Körperberührungsspiel) und das war so:
Ein pausbäckiger gesunder Bub von 8 Monaten musste sich mit all seiner Kraft gegen mein Vorhaben, ihn kinderärztlich zu untersuchen, wehren. Er schrie und schrie und zappelte und war außer sich – im wahrsten Sinne des Wortes. Nichts konnte ihm mehr Ruhe geben. Da fing ich einfach an, in die

Aufregung hinein «Dub,dub,dub,dub,dub» und «zub,zub,zubbele,zub...» zu sprechen, wobei ich versuchte, so ein zappelndes Füßchen an den Zehen zart antippend zu berühren und ... es ging nicht lange, da hielt der Fuß still und es kam mir der zweite Fuß entgegen, es kam ein Händchen und noch eines, ein Füßchen, ein Händchen ... und der ganze außer «Rand und Band» geratene kleine Mensch ordnete sich unter Vergnügen und lockerte sich und lachte und strahlte und strahlte.
Ganz nebenbei – aber natürlich nach unserem Liebkoschen – habe ich ihn untersucht und wir waren's beide zufrieden ...

Dr. med. C. Sch., Stuttgart

Da ist zum Beispiel Robert, 5 ½ Jahre alt und an all seinen Extremitäten spastisch mit athethotischer Komponente gelähmt. Er ist beständig in Bewegung und nichts an ihm kann ruhen. Wenn er sein «Liebkoschen» – und er liebt besonders «Eia beia Backchen» bekommt oder wenn er «Ulle-wulle» mitsprechen darf, dann ist er von Kopf bis Fuß nur Konzentration und die Ruhe selbst. Er kann in solchen Augenblicken weit über sich hinaus wachsen, hat die Sprache (einigermassen) zur Verfügung und seine Bewegungen auch. Und wie er sich müht, mitzusprechen und in der Gestik mitzuhalten, das sollten Sie sehen können. Und wie glücklich ihn das macht, dass er das kann – das sollten Sie auch miterleben können.

Dr. med. C. Sch., Stuttgart

Aus der Heilpädagogik

Eine besondere Beziehung bestand ebenfalls zu Maria Grazia. Sie ist 4 ½ Jahre alt, sehr rundlich, wässrig und kann nicht laufen. Durch eine Erkrankung an der Hypophyse ist ihr Durstempfinden nicht vorhanden und sie muss dreimal täglich sondiert werden. Dieses Kind hat noch zu Beginn meiner Arbeitszeit sehr geweint und geschrien, sich heftig selbst auf den Kopf gehauen, wenn es mit Essen, seiner Lieblingsbeschäftigung, fertig war. Das hieß für mich, dass dem Kind hier im Haus etwas fehlt, damit es weiterschaffen kann, aber in sich... Das erste Mal, als ich bei einem Schreikrampf hinzu kam und ihr das Handspiel «Ulle-wulle» zeigte, war alles vergessen und das Kind strahlte. Es begann ein Weg intensivster Begegnung mit den Handgestenspielen. Wenn ich dann beim Abendessen dabei war, gab es immer weniger und schließlich keine Schwierigkeiten mehr für Maria, vom leeren Teller wegzukommen. Stattdessen wäre sie jetzt sogar im Stande, übrig zu lassen und bereitwillig auf künstlerisch gestaltete Anregungen wie diese Spiele einzugehen.
Maria läßt nach den Spielen sehr, sehr viel mit sich machen und mit Ruhe über sich ergehen, wozu sie sonst nicht in der Lage wäre... Seit ich ein Berührungsspiel mache an den Zehen: «Dub-dub-dub-dub-dub, zub-zub-zubbele-zub» gibt sie sogar die Schuhe bereitwillig mit einem gefälligen «Ja» hin zum Anziehen. Wie schon erwähnt, wirken die «Berührchen» auf vielen Ebenen krampflösend. Wenn sie manchmal eine Art von Verspannen im Fuß hat und sofort die Schuhe ausgezogen haben möchte, hilft dieses «Liebkoschen» an den Zehen, und die Wirkung ist so gut, dass die Schuhe ohne Widerspruch sofort wieder angezogen werden können. *C.H., Stuttgart*

Neun Kinder, alle seelenpflegebedürftig, warteten darauf, Schulkinder zu werden... Nur drei dieser Kinder konnten sprechen, zwei davon mit ausgeprägter Freude am

Klang der Laute. Der autistische L. sprach eher fragend oder erklärend und hatte kaum einen Bezug zu seinen Bewegungen und der Umwelt. Das andere Kind war immer wieder voller Lust am Musikalisch-Rhythmischen der Sprache, ihre Bewegungen waren dabei eher traumhaft und kraftlos. V. war das dritte Kind in der Klasse, das sprechen konnte. Er brüllte viel und biss oder schlug andere Kinder. Die anderen Kinder äusserten sich durch Laute, Zeichen oder in sehr verstümmelter Sprache.

Wie dankbar war ich, dass ich durch Frau H. die Handgestenspiele kennen lernen durfte! Sie begleiteten uns vom ersten Tag an. Regelmässig führten im Morgenkreis «Ullewulle» und «Watsch-watsch» die unruhigen Kinder zusammen. Anfangs berührten die Kinder beim «Watsch-watsch» ihren Körper kaum. Alle Gesten waren nur angedeutet. Sie tippten flüchtig auf ihren Bauch, ließen sich aber vom Rhythmus tragen. Nach etwa sechs Wochen begannen einige Kinder, nun auch willentlich geführt, die Gesten genau nachzuahmen. Zur gleichen Zeit erlebte ich, dass die Kinder beim Märchenerzählen ausdauernder zuhörten.

Die Handgestenspiele haben in meiner Klasse viel bewegt. Sie waren wichtiger als jedes andere Unterrichtsgeschehen. Anfangs zeigte sich bei den Kindern die Freude am Spiel, am Sprachrhythmus und der Bewegung; doch im Laufe der Zeit wirkten sie in andere Bereiche hinein. So stellte die Eurythmistin fest, dass keine Klasse der Unterstufe so unmittelbar die eurythmischen Gesten aufnimmt wie diese Kinder. Die mit einem besonderen und schweren Schicksal beladenen Kinder haben durch die Handgestenspiele eine Hilfe zur Inkarnation bekommen. *A.K., Hannover*

Im Wartezimmer

Ich saß allein im Wartezimmer meiner Zahnärztin. Plötzlich Rumoren draussen im Gang. Die Tür öffnete sich und zwei Buben wurden mit der Ermahnung hereingeschoben: «Jetzt seid schön ruhig!» Die Kinder, die sehr erregt waren, stutzten bei meinem Anblick und rannten dann zu den Stühlchen auf der gegenüberliegenden Seite. Mit großen, vor Schreck geöffneten Augen blickten sie mich an, alles an ihnen war angespannt. Ich schaute an ihnen vorbei, behielt sie aber im Blickfeld. Nach einiger Zeit zeigte ich auf die Bilderbücher, die neben mir lagen. Der ca. Fünfjährige kam, der ca. Dreijährige turnte auf und unter den Stühlen seine Unruhe ab. Wir kamen ins Gespräch über die Bilder. Der Bann war gebrochen, auch der Dreijährige kam heran. Aus dem Gespräch entnahm ich, dass die Mutter einen Zahn gezogen bekam und die Kinder zutiefst erschreckt waren von der «Manipulation». Die große Spritze in den Mund hinein und die große Zange, das war zuviel. Was machte man mit ihrer Mutter? Sie hatten geschrieen und wurden vor die Tür gesetzt, geschockt allein gelassen. Es waren noch Tränenreste auf ihren Gesichtern. Sie hatten Angst! Ich fragte, ob sie «Nicki» kennen würden. Nein, sie kannten ihn nicht. Woher auch. Ich fragte, ob sie ihn kennen lernen wollten? Ja! So ließ ich ihn kommen und zeigte und erzählte von ihm. Großes Staunen. Die Angstspannung verwandelte sich in gespannte Neugier. Dann Aufatmen und entspanntes Ausatmen, als Nicki aus dem Tunnelloch wieder auftauchte. Befreites Lachen, als Nicki davon sprang und weg war. – Der Fünfjährige setzte sich auf Tuchfühlung neben mich, der Dreijährige lehnte sich an meine Beine. Zur großen Freude kam Nicki noch einmal und zeigte, wie mutig und keck er war. Die Tür ging auf, und eine junge erregte Frau trat hastig ein und blieb verwundert stehen, als sie uns drei so friedlich und vergnügt beieinander sah. Verlegen blieb sie stehen. Die Kinder blieben bei mir. Die Mutter: «Was macht ihr denn da? Wir müssen gehen, kommt.» Die Kinder riefen freudig: «Der Nicki war da!» Dann auf die Mutter zuspringend: «Der hat keine Angst!» Der Dreijährige: «Ich auch nicht.» Die Überraschung der Mutter war groß. Sie hatte die Kinder ja noch in anderer Erinnerung. Sie schaute mich fragend an. Da wurde ich zur Behandlung aufgerufen und musste gehen. Sie wird die Kinder gefragt haben. Was die ihr wohl erzählt haben von Nicki? *W.E., Öschelbronn*

Die Choroi-Kinderharfe

Die Choroi-Kinderharfe hat einen ausgesprochen schwebenden Klangcharakter. Bedingt durch die Bauart ohne Resonanzkörper entsteht ein oberton- und resonanzschwacher Klang, eine Tonqualität also, die wie ein Lufthauch an das Kind herantönt. Die sieben Saiten der Kinderharfe sind auf die Töne der Quintenstimmung gestimmt. Die mittlere Saite ist der Zentralton a'. Gerade bei diesem Instrument wird die Ausgewogenheit der Quintenstimmung durch die Anordnung der Saiten noch einmal ganz deutlich (Abbildung rechts).

Der schwebende Klang durchtönt den umgebenden Raum – schwingt wie ein Lufthauch heran, ohne sich niederzulassen, ohne einzudringen in die kindliche, noch locker gefügte Organisation. Er bedrängt nicht, umhüllt nur, ruft so die Bereitschaft hervor, sich in diese Klang-Hülle einzuschmiegen, in dem freilassenden, weiten Raum sich auszubreiten und unbelastet aufzuatmen.

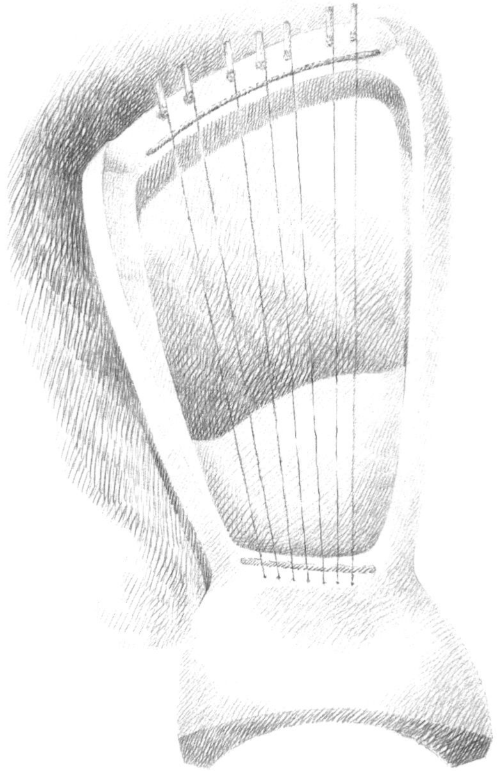

Die Spielweise

Eine wichtige Rolle zur Erzeugung der angestrebten Klangqualität fällt der Spieltechnik zu. Die Harfe wird mit dem Harfenfuß auf den linken Oberschenkel aufgesetzt. Die linke Hand umfasst locker den zum Knie hinzeigenden Holzrahmen, so dass sich die Harfe am linken Unterarm anschmiegt. Mit der rechten Hand werden die Saiten bedient. Es ist auch möglich, die Harfe waagerecht auf den linken Unterarm zu legen; dabei muss man aufpassen, dass die Saiten frei schwingen können. Die Einzeltöne werden ohne zu reißen gezupft. Wenn man den Ton klingen lassen möchte, hebt man die Hand im Bogen von den Saiten ab und führt sie wieder zurück zum Instrument.

Bastelanleitung für den Schellenstab

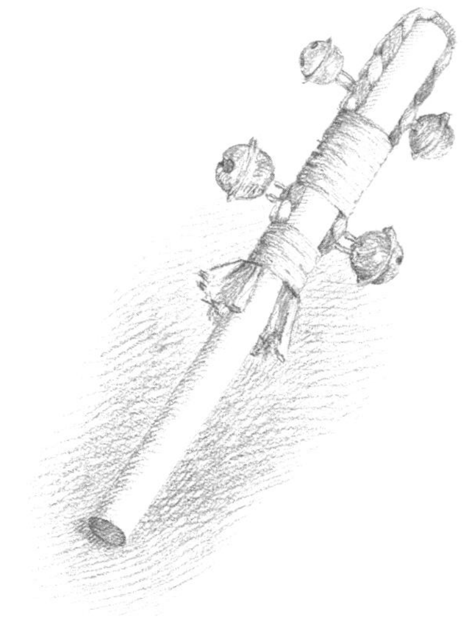

Geräuscherzeugendes Handspielgerät

Material
Rundholz Ø 1,5 cm, Länge: 16 – 20 cm (pro Stäbchen), Bast in zwei Farben oder bunte Borte (ca. 1,5 cm breit), 4 Schellen, je zwei mit Ø 0,9 cm und Ø 1,4 cm, Hutgummi

Beim Einkauf zu beachten:
Es gibt zwei Arten von Schellen:

- mit Metallkugel als Klangerzeuger,
- mit Steinchen als Klangerzeuger.

Für den Schellenstab Schellen mit Metallkugel besorgen. Keine größeren Schellen als angegeben verwenden. Deren Klang wäre zu laut und dominierend.

Bastelanleitung
Holzstab auf die richtige Länge zusägen, an den Enden abschmirgeln, abrunden.
Im Abstand von 2,5 und 5,5 cm vom oberen Stabende gemessen, das Holz jeweils durchbohren.
Aus dem Bast ein Zöpfchen flechten, von jeder Farbe 12 Fäden (Länge 25 cm) verwenden. Alle Fäden an einem Ende fest verschnüren und gleichmäßig dritteln, dann flechten. Den fertigen Zopf am unteren Ende verschnüren. Die Mitte des Zopfes auf dem oberen Stabende positionieren und dann der Länge nach vom oberen Stabende aus an beiden Seiten vor den Bohrlöchern herunterführen. An zwei Stellen jeweils mit einem Stück Bast den Zopf sehr straff am Holzstab festwickeln (siehe Bild):
1. zwischen den oberen und unteren Bohrlöchern, 2. unter den unteren Bohrlöchern.
Ein Stück Hutgummi in eine Nadel fädeln, durch den Bastzopf und durch ein Bohrloch stechen. Mit der Nadel durch eine Schellenöse und wieder zurück durch Bast und Bohrloch (etwas höher oder tiefer gestochen, damit das Gummi am Bast Halt findet). Dann in die beiden Gummienden die gegenüberliegende Schelle sehr stramm hineinknoten. Überstehende Gummienden abschneiden. Gleichen Vorgang für das zweite Schellenpaar am zweiten Bohrloch wiederholen.
Zum Abschluss die Verschnürung der Zopfenden lösen und den Bast gleichmäßig als «Fransenröckchen» versäubern.
Anstelle eines Bastzöpfchens kann auch bunte Borte verwendet werden.

Der Erzieher kann für seinen «eigenen» Schellenstab ein weiteres Schellenpaar befestigen. Das gibt etwas mehr Klang, für manche Situationen ist das hilfreich.

Wilma Ellersiek, ein Leben für den Rhythmus

In einem kleinen Ort in Schleswig-Holstein, direkt an der Ostseeküste erblickte Wilma Ellersiek am 15. Juni 1921 das Licht der Welt. Mit dem Rhythmus der Wellen, dem Rauschen des Windes mit Hunden, Katzen, Hühnern, Enten und einem Pferd als Spielkameraden erlebte sie eine naturverbundene Kindheit. Ihre Freunde waren, wie sie selbst sagt, die Blumen, die Bäume, der Sand und die Sterne. Aber besonders das Phänomen des Rhythmus, das am Meer in vielschichtiger Weise erlebbar ist, wird Wilma Ellersiek ihr ganzes Leben lang begleiten. Rückblickend empfindet sie ihre Kindheit als ein fast himmlisches Leben im Rhythmus der Natur. Im Elternhaus bekommt sie Anregungen im musikalisch-künstlerischen und sprachlich-literarischen Bereich. Einerseits die Natur, andererseits die Kultur – eine ideale, wundervolle und aufbauende Atmosphäre zur Menschwerdung.

Im Jahr 1927 zieht die Familie Ellersiek nach Westfalen. Wiederum hat die kleine Wilma das Glück, neben einem Bauernhof zu wohnen, die geliebten Tiere bleiben also weiterhin ihre Kameraden. Neu ist für sie der Eindruck der im Wind wogenden Kornfelder, eine andere Art von rhythmischer Wellenbewegung. Jetzt kommen auch erste Kinderbegegnungen im Kindergarten und bald schon in der Schule hinzu. Die gemeinsame Zeit ist erfüllt vom Singen, Tanzen und Deklamieren, ja, die ganze Kinder- und Jugendzeit empfindet sie in der Rückschau als eine von Musik und Rhythmus durchdrungene Zeit – eine gute Basis für ihren späteren Werdegang.

Wilma Ellersiek beendet die Schule mit dem Abitur und beginnt im Jahr 1941 in Leipzig zu studieren. Sie belegt zunächst die Fächer Schulmusik, Germanistik und Kunstgeschichte. Durch eine schwere Erkrankung muss sie das Studium unterbrechen, hinzu kommen Kriegswirren, die im Jahr 1945 die Familie dazu zwingen, aus dem Osten zu fliehen. In Essen nimmt Wilma Ellersiek ihr Studium an der Folkwangschule wieder auf, allerdings wechselt sie den Studiengang. Das neue Fach ist die rhythmisch-musikalische-Erziehung. Dieses Studium setzt sie in Stuttgart an der Staatlichen Hochschule für Musik und Darstellende Kunst fort. Dort bekommt sie Unterricht bei Elfriede Feudel, der Meisterschülerin des Begründers der Rhythmik, Emile Jaques-Dalcroze. Wilma Ellersiek belegt in Stuttgart außer der Rhythmik auch den Studiengang Sprecherziehung und schließt beide Fächer 1957 mit dem Staatsexamen ab. Die Rhythmik ist ihr jetzt zum Lebensinhalt geworden. Sie bleibt als Assistentin an der Stuttgarter Musikhochschule in den

Abteilungen «Rhythmik», «Schauspiel» und «Gesprochenes Wort». Nach der Assistenzzeit wird ihr eine Dozentenstelle angeboten, später wird sie Professorin. Neben ihrer Arbeit an der Hochschule führt sie Regie an Opern- und Schaupielhäusern, unter anderem in Stuttgart, Wien und London.

Wieder ist es eine schwere Erkrankung, die einen entscheidenden beruflichen Umbruch einleitet, und wieder ist es der Rhythmus, der sie fasziniert. Wilma Ellersiek wendet sich nun der Erforschung des Rhythmus in seiner Wirkung in der Bewegung, in der Sprache und in der Musik speziell beim kleinen Kind zu. Ihre Arbeit an diesem Thema erregt Aufsehen, 1968 erhält sie vom Land Baden-Württemberg einen einschlägigen Forschungsauftrag. Aus diesem Impuls heraus entstehen die ersten «Gestenspiele» für das Kind im Vorschulalter. Aus diesen kleinen Gestenspielen entwickelt sie Schritt für Schritt, mit beneidenswerter Intuition, aber auch enormer Akribie und Sorgfalt große, zusammenhängende Spieleinheiten in gereimter Sprache, durchwoben vom Rhythmus und der Musik. Sie nennt ihre Kurse zunächst «Elternschule», denn ihre Idee ist es, die Kinder zusammen mit den Müttern oder den Vätern zu unterrichten. Die Stuttgarter Musikhochschule richtet innerhalb des Faches Rhythmik für Wilma Ellersiek in den späten sechziger Jahren den Teilbereich «Rhythmik in der Vorschulzeit» ein. In diese Zeit fällt auch die Begegnung mit der «Urmutter» der Waldorfkindergärten, Klara Hattermann. Sie nimmt die neuen Spiele mit Interesse wahr und begleitet Wilma Ellersiek durch mancherlei Schwierigkeiten. Sie ermutigt sie immer wieder weiterzumachen, sie trägt die Spiele in Kursen in die Welt hinaus – wie auch einige von Wilma Ellersieks Stuttgarter Studentinnen. Nach 25 Jahren intensiver Lehrtätigkeit verlässt sie 1983 die Hochschule und geht in den Ruhestand. Der Lehrpflicht enthoben, wird Wilma Ellersiek besonders kreativ. Viele Spiele entstehen jetzt, darunter all die Liebkoschen und die vielen Wiegenlieder. In dieser Zeit bildet sich auch in Hannover um Klara Hattermann ein Interessenkreis, der sich intensiv um all die Spiele von Wilma Ellersiek bemüht und für die möglichst urhebergetreue Verbreitung sorgt.

Die Spiele von Wilma Ellersiek sind der Natur abgelauscht, in phänomenologisch stimmiger Weise gelingt es ihr im künstlerisch gestalteten Rhythmus der Sprache und den entsprechend passenden Bewegungen, den Wind, die Blumen, die Tiere, die Sonne, den Mond und die Sterne in kleine musikalische Geschichten dem Kind nahe zu bringen. Auf diese Weise schenkt sie den Kindern heute von ihrer eigenen naturverbundenen Kindheit etwas, durch die in den Spielen schwingenden heilsamen, natürlichen Rhythmen.

Ingrid Weidenfeld

Anmerkungen

1 Rudolf Steiner: *Die Erziehung des Kindes vom Gesichtspunkte der Geisteswissenschaft.* Dornach 1992
2 Rudolf Steiner: *Geisteswissenschaftliche Menschenkunde,* Berlin 17. Juni 1909. GA 107, Dornach 5.Aufl.1988
3 Barry Sanders: *Der Verlust der Sprachkultur.* Frankfurt/M. 1995
4 James K. Uphoff, June E. Gilmore: *Pupil age at school entrance. How many are ready for success?* 1984 Montgomery County USA
5 Peter Lang in *Recht auf Kindheit* Nr. 1, Internationale Vereinigung der Waldorfkindergärten, Stuttgart o. J.
6 F.R. Wilson: *Die Hand – Geniestreich der Evolution – Ihr Einfluss auf Gehirn, Sprache und Kultur des Menschen,* Stuttgart 2000
7 Rainer Patzlaff: *Kindheit verstummt,* Recht auf Kindheit Nr. 4, Internationale Vereinigung der Waldorfkindergärten, Stuttgart o. J.
8 Ursula Bischoff-Musshake, *Telos – Tanz und Therapie,* Stuttgart 1992
9 Dave Grossman, Gloria DeGaetano: *Wer hat unseren Kindern das Töten beigebracht?,* Stuttgart 2002
10 Rudolf Steiner: *Sprache und Sprachgeist,* in: *Der Goetheanumgedanke inmitten der Kulturkrisis der Gegenwart.* GA 36, Dornach 1961
11 Johanna Zinke: *Luftlautformen.* Stuttgart 2000
12 Vgl. Anm. 7
13 Vgl. Anm. 7
14 Rudolf Steiner: *Die pädagogische Praxis vom Gesichtspunkte geisteswissenschaftlicher Menschenerkenntnis,* Dornach 15. – 22. April 1923. GA 306, Dornach 1989
15 Siehe im Band Wilma Ellersiek: *Wiegen- und Ruhelieder in der Quintenstimmung,* Stuttgart 2001
16 Weiterführende Literatur: Rudolf Steiner: *Das Tonerlebnis im Menschen,* zwei Vorträge am 7. und 8. März 1923 in Stuttgart, Dornach 1966
17 Wilma Ellersiek: *Berührungs- und Handgestenspiele,* Stuttgart 2001
18 Wilma Ellersiek: *Handgestenspiele, Reigen und Lieder – Frühling/Sommer – Herbst/Winter,* Stuttgart 2002

Adressen

Kontaktadresse für die Schweiz und den
Arbeitskreis für die Spiele von W. Ellersiek:

Jacqueline Walter
Flossländeweg 20
CH - 4310 Rheinfelden
Tel. 0041- (0)61 831 42 05
E-mail: urs.walter@bluewin.ch

Ingrid Weidenfeld
Bodelschwinghstraße 7
D - 70597 Stuttgart
www.handgestenspiele.de
E-mail: s.weidenfeld@t-online.de

Dr. Jürgen und Irmela Möller
Wienbergstraße 37
D - 30519 Hannover
Tel. 0049 - (0)511 862082

Margret Costantini
Im Bruche 3
D - 30519 Hannover
Tel. 0049 - (0)511 832261

Internationale Vereinigung
der Waldorfkindergärten e.V.
Heubergstraße 18
D - 70188 Stuttgart
Telefon 0049 - (0)711 925740
Internet: www.waldorfkindergarten.org
E-mail: inter.waldorf@t-online.de

Wilma Ellersiek

Wiegen- und Ruhelieder in der Quintenstimmung

Herausgegeben von Ingrid Weidenfeld.
102 Seiten mit zahlreichen Illustrationen von Friederike Lögters, geb.

Von vielen Menschen wurde dieses Buch schon lange sehnlichst erwartet. Es ist der erste Band des Werkes von Wilma Ellersiek, das damit erstmals publiziert wird. Die Erfahrungen und Erkenntnisse eines langen Lebens leuchten in den scheinbar schlichten Wiegen- und Ruheliedern für das kleine Kind auf. Die lange Beschäftigung mit der frühkindlichen Entwicklung bei gleichzeitigem Studium der Anthroposophie brachten der Autorin ein unvergleichliches Einfühlungsvermögen in das Wesen des kleinen Kindes. Aus diesen Erfahrungen heraus sind die Wiegen- und Ruhelieder entstanden, die durchwegs in der Quintenstimmung mit dem Zentralton a gehalten sind und von entsprechenden Gebärden begleitet werden.

Wilma Ellersiek

Berührungs- und Handgestenspiele

Für Kinder zwischen 0 und 9 Jahren.
Herausgegeben von Irmela Möller,
Jürgen Möller und Ingrid Weidenfeld.
102 Seiten mit zahlreichen Illustrationen von Friederike Lögters, geb.

Die Berührungsspiele, von Wilma Ellersiek auch als «Liebkoschen» bezeichnet, sind kleine Spiele, die der Erwachsene mit dem Kind spielt; dazu gehören gereimte Texte und zarte Berührungen. In der liebkosenden Berührung, begleitet von musikalisch gestalteter Sprache, teilt sich der Erwachsene dem Kinde in sanfter Weise mit. Spiele ähnlicher Art, in schlichter volkstümlicher Form, waren jahrhundertelang von Mund zu Mund tradiert, bis sie im Zeitalter der modernen Medien in Vergessenheit gerieten.

Wilma Ellersiek hat mit diesem Buch für die heutigen Kinder und Eltern eine Sammlung neuer Berührungsspiele geschaffen. Aufgrund ihrer umfassenden Kenntnis der Entwicklung des kleinen Kindes, verbunden mit einer außergewöhnlichen sprachlichen und musikalischen Begabung, gelingt es der Autorin, auch die allerkleinsten Spiele musikalisch-künstlerisch zu gestalten.

Die «Liebkoschen» haben sich bereits vielfach bewährt. Eltern, Erzieher, Kinderärzte und Therapeuten berichten von der harmonisierenden bzw. heilenden Wirkung bei gesunden und kranken Kindern.

Verlag Freies Geistesleben

Wilma Ellersiek

Handgestenspiele, Reigen und Lieder

für Kindergarten- und erstes Schulalter.
Frühjahr / Sommer
Herausgegeben von Ingrid Weidenfeld.
Mit Beiträgen von Margret Costantini und Jakob Streit. 158 Seiten mit zahlreichen Illustrationen von Friederike Lögters, gebunden.

Jedem Erwachsenen ist bekannt, mit welcher Hingabe ein kleines Kind die Natur erlebt. Jeder Stein, jede Blume und jeder Käfer gibt dem Kind Anlass, beim Spaziergang lange an einer Stelle zu verweilen.
Damit das Kind ein gesundes Verhältnis zur Natur entwickeln kann, braucht es die führende Hand des Erwachsenen, der das Kind einfühlsam mit den unzähligen kleinen Wunderdingen im Pflanzen- und Tierreich bekannt macht.
Mit diesen Handgestenspielen, Reigen und Liedern zu den Jahreszeiten Frühjahr und Sommer gibt uns Wilma Ellersiek einen reichen Schatz, der es dem kleinen Kind ermöglicht, sich intensiv mit den Phänomenen der Natur vertraut zu machen und sich mit ihr zu verbinden.

Wilma Ellersiek

Handgestenspiele, Reigen und Lieder

für Kindergarten- und erstes Schulalter.
Herbst / Winter
Herausgegeben von Ingrid Weidenfeld.
Mit einem Beitrag von Margret Costantini. 154 Seiten mit zahlreichen Illustrationen von Friederike Lögters, gebunden.

Farbige Blätter, goldene Oktobersonne, Herbststürme und Nebel, nasskalte Tage, Laternenlicht, erster Schnee und zugefrorene Seen – die dunkle Jahreszeit, festgehalten in rhythmisch-musikalischen Versen, Reigen und Liedern mit Handgesten, das alles ist in diesem Buch von Wilma Ellersiek zu finden.
Wilma Ellersieks Spiele für die Herbst- und Winterzeit sind für die Kinder Lichtblicke in der dunklen Zeit des Jahres. Die Spiele sind durchdrungen vom rhythmisch-musikalischen Geschehen, sie sind künstlerisch gestaltete Abbilder der Naturvorgänge.
Kinder, Erzieher und Eltern werden gleichermaßen in der Wahrnehmung sensibilisiert für das leise Rauschen des Windes, das heftige Stürmen, für dumpfe Nebel und den ersten Schnee.

Verlag Freies Geistesleben